Cyrus
l'encyclopédie qui raconte ⑨

CHRISTIANE DUCHESNE • CARMEN MAROIS

Québec Amérique

Projet dirigé par Stéphanie Durand, éditrice

Conception graphique et mise en pages : Nicolas Ménard
Révision linguistique : Diane Martin
Correction d'épreuves : Flore Boucher
Illustrations : Québec Amérique International

Québec Amérique
7240, rue Saint-Hubert
Montréal (Québec) Canada H2R 2N1
Téléphone : 514 499-3000, télécopieur : 514 499-3010

Nous reconnaissons l'aide financière du gouvernement du Canada par
l'entremise du Fonds du livre du Canada pour nos activités d'édition.

Nous remercions le Conseil des arts du Canada de son soutien. L'an
dernier, le Conseil a investi 157 millions de dollars pour mettre de l'art
dans la vie des Canadiennes et des Canadiens de tout le pays.

Nous tenons également à remercier la SODEC pour son appui finan-
cier. Gouvernement du Québec – Programme de crédit d'impôt pour
l'édition de livres – Gestion SODEC.

**Catalogage avant publication de Bibliothèque et Archives
nationales du Québec et Bibliothèque et Archives Canada**

Duchesne, Christiane, auteur
Cyrus, l'encyclopédie qui raconte / Christiane Duchesne, Carmen Marois.
L'ouvrage complet doit comprendre 12 volumes.
Public cible : Pour les jeunes.
ISBN 978-2-7644-3502-1 (vol. 9) (Version imprimée)
ISBN 978-2-7644-3503-8 (PDF)
1. Encyclopédies et dictionnaires pour enfants français.
I. Marois, Carmen, auteur. II. Titre.
AG25.D822 2017   j034'.1   C2017-940075-4

Dépôt légal, Bibliothèque et Archives nationales du Québec, 2018
Dépôt légal, Bibliothèque et Archives du Canada, 2018

Imprimé au Canada

En hommage à mon père
qui a toujours su répondre à mes questions.

C. D.

À tous ceux qui, comme moi,
ont le désir d'apprendre.

C. M.

*Au fond, le seul courage qui nous est demandé
est de faire face à l'étrange, au merveilleux,
à l'inexplicable que nous rencontrons.*

Lettres à un jeune poète

Rainer Maria Rilke

Qui est Cyrus ?

Très tôt, Cyrus s'est posé des questions sur l'origine du monde, la vie de la planète, les angoisses des hommes préhistoriques, la vie animale, l'univers végétal, le cosmos et le cœur des gens. Curieux comme pas un, il a cherché, il a lu, il a étudié pendant de longues années pour trouver réponse aux mille questions qu'il ne cesse de se poser. Il s'étonne encore des nouveaux phénomènes, s'intéresse aux particularités du monde qui l'entoure.

Ce qu'il aime par-dessus tout ? Partager ses connaissances, en faire profiter tous ceux et celles qui, à toute heure du jour et où qu'il soit, viennent auprès de lui pour l'interroger.

Tout au long des douze tomes de cette encyclopédie à nulle autre pareille, vous rencontrerez des dizaines et des dizaines de curieux qui, comme vous, souhaitent en connaître toujours un peu plus...

Légende

 LA TERRE ET L'ESPACE, PHÉNOMÈNES ET INVENTIONS

 LES ANIMAUX, LEURS HABITUDES ET LEURS PARTICULARITÉS

 LES VÉGÉTAUX : ARBRES, FLEURS ET TOUT CE QUI POUSSE

 LES GENS, LEUR CORPS ET LEUR VIE

 CURIEUSES QUESTIONS

Pourquoi les papillons de nuit sont-ils attirés par la lumière ?

« Trois semaines de solitude n'ont jamais nui à personne », se dit Cyrus en s'étendant sur son canapé de cuir bleu.

Tibérius a retrouvé mister Pagton et Cyclamène, leur vie de famille a heureusement repris son cours. Depuis, Cyrus profite à fond de sa vie de solitaire.

Au moment même où Cyrus se répète que rien ne vaut le silence, on sonne à la porte. Gratton bondit en aboyant de toutes ses forces.

— Bonjour, monsieur Cyrus. Je m'appelle Delphis, et on m'a dit que vous aviez réponse à tout…

« Tiens donc ! » pense Cyrus en réprimant un soupir.

— Entre, cher enfant !

— Philémon m'a affirmé que vous sauriez répondre à ma question…

— Quelle est-elle ? demande Cyrus.

— Je voudrais savoir pourquoi les papillons de nuit sont attirés par la lumière.

— Assieds-toi, je vais t'expliquer. Laisse-moi te dire d'abord que les papillons de nuit ne sont pas vraiment attirés par la lumière. En fait, la lumière leur joue un terrible tour.

— Comment ?

— Il faut que tu saches que les insectes se servent des astres pour se diriger. Les insectes diurnes s'orientent par rapport au Soleil. Pour les papillons de nuit, c'est la Lune qui sert de repère d'orientation.

— Les papillons de nuit rêvent d'aller sur la Lune ? demande Delphis. Ce sont des apprentis astronautes miniatures ?

Cyrus ne peut s'empêcher de sourire en imaginant un vol de milliers de papillons de nuit en route vers la Lune, vêtus de petites combinaisons de cosmonautes.

— Non, corrige le savant. Les papillons de nuit volent en gardant la Lune dans un coin de leur champ de vision selon un certain angle. Et comme la Lune est très loin et qu'elle ne bouge pas dans le ciel, le papillon sait dans quelle direction voler.

— La Lune, c'est pour eux comme un phare pour les navigateurs ?

— C'est un peu ça, oui, répond Cyrus. Ainsi, lorsqu'une ampoule électrique apparaît dans leur champ de vision, l'angle d'orientation n'est plus le même que celui qui les guidait par rapport à la Lune. Ils sont complètement déboussolés.

— Pauvres papillons !

— L'insecte attiré par la lumière s'en approche comme si c'était la Lune. Mais, lorsqu'il est à proximité de l'ampoule, il ne peut que voler autour puisqu'il doit garder la lumière dans le coin de son champ de vision.

— Et ils volent comme ça jusqu'au lendemain matin ?

— Non, non ! À force de voler, ils s'épuisent et tombent sur le sol où ils finissent avalés par un chat qui passe par là, par un oiseau affamé, ou écrasés sous la chaussure d'un passant.

— Oh! J'espère que je n'en ai jamais écrasé un, soupire Delphis.

— Ce qui est bien triste pour ces pauvres papillons, c'est que bien souvent, ils meurent d'épuisement avant d'avoir eu le temps de rencontrer une partenaire avec qui ils auraient pu se reproduire.

— On dit que la nature est bien faite, déclare Delphis en fronçant les sourcils. Mais on dirait bien qu'elle a quelques défauts...

— Oui et non, dit Cyrus avec un bon sourire. Ce n'est pas la faute des papillons de nuit si on a un jour inventé l'électricité.

— Merci, monsieur Cyrus. Philémon avait raison : vous êtes un vrai savant !

Les papillons de nuit possèdent un fabuleux odorat. Ils peuvent ainsi reconnaître l'odeur d'une femelle, même à plusieurs kilomètres de distance. L'accouplement, qui se fait la nuit, dure plusieurs heures. Certains papillons ne vivent qu'un jour ou deux.

Pourquoi la mer Morte est-elle salée ?

Le savant Cyrus sort de son bain au moment où retentit la sonnerie du téléphone. Enfilant son peignoir de bain d'épaisse ratine bleue, il se précipite sur l'appareil.

— Pourquoi la mer Morte est-elle si salée ? demande une petite voix connue.

— Cher Pavel, répond amicalement Cyrus, tu vas toujours droit au but ! Je ferai donc de même : la mer Morte est salée parce qu'elle contient une très grande quantité de sels dissous.

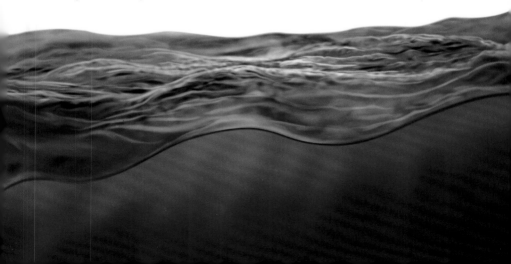

— C'est aussi simple ? demande le petit garçon, un peu déçu.

— Les mers sont salées parce qu'elles sont le dernier lieu où se jettent les eaux.

— Je le sais aussi, dit Pavel.

— Tous les cours d'eau transportent avec eux des sels minéraux qui viennent de la terre. Ceux-ci proviennent, entre autres, des rochers qui se dissolvent lentement au fond de la mer et au fond des rivières. Les sels, le chlorure de sodium par exemple, arrivent aux cours d'eau par ce qu'on appelle un *phénomène de ruissellement*.

— Je ne comprends pas bien ce que cela veut dire, avoue Pavel.

— Simplement ceci : lorsqu'il pleut, la pluie se charge d'entraîner les sels vers les cours d'eau. Ainsi, de ruisseaux en rivières, de rivières

en fleuves, tous ces sels sont amenés à la mer, où ils s'accumulent.

— Est-ce qu'il y en a vraiment beaucoup? s'informe le gamin.

— Mon cher petit, ce sont des tonnes de sels qui, chaque jour, se déversent dans les mers!

— Des tonnes? Vous dites bien des tonnes?

— Des tonnes, oui! Cependant, lors de l'évaporation des eaux, les sels ne sont pas entraînés dans l'atmosphère.

— Ah non?

— Eh non! Ils demeurent dans les mers. C'est pourquoi les eaux des océans sont toujours de plus en plus salées.

— Et ce phénomène se produit de la même façon partout sur le globe? demande Pavel.

— Dans les régions très chaudes de la Terre, explique patiemment Cyrus, le phénomène d'évaporation est beaucoup plus important que dans les régions froides.

— C'est le cas de la mer Morte, n'est-ce pas? risque le garçon.

— Exactement. L'eau de la mer Morte s'évapore très rapidement. Sais-tu, Pavel, que la mer Morte est en fait un lac qu'on appelait *lac Asphaltite* dans l'Antiquité ?

— Non, je ne le savais pas.

— Elle est alimentée par le Jourdain, ce grand fleuve de 360 kilomètres de longueur, par la pluie et par quelques rivières. Comme elle est située dans une partie passablement chaude de la planète, il est normal que ses eaux s'évaporent rapidement. As-tu bien compris ? demande Cyrus au petit garçon.

— Je crois que oui. Comme dans le cas des océans, le sel s'accumule et ne s'évapore pas, contrairement à l'eau, c'est bien ça ?

— Tu as parfaitement compris, Pavel. Et comme la mer Morte est un lac, ou une mer fermée, les sels minéraux s'y accumulent plus qu'ailleurs.

— C'est pour ça que c'est l'étendue d'eau la plus salée du monde ? demande encore le petit.

— Oui, répond le savant. Ses eaux contiennent 25 % de sel alors que celles des océans oscillent entre 3 % et 5 %.

— Merci, monsieur Cyrus. Mais dites-moi : je ne vous ai pas dérangé, au moins ?

Plus l'eau est salée, plus on y flotte. À tel point que, dans les mers extrêmement salées, il nous est parfois difficile de nous remettre sur les pieds lorsque les vagues nous ramènent sur la rive : nous flottons trop !

Pourquoi le poil ne pousse-t-il pas aussi vite que les cheveux ?

Gratte-Bedaine joue dans la cour avec Alice et il se met tout à coup à aboyer très fort.

— Gratton ! Cesse un peu ! crie Cyrus de la cuisine.

Gratte-Bedaine aboie aussi férocement que s'il avait affaire à un cambrioleur.

— Tais-toi, Gratton ! lance alors une voix de petite fille. Je ne voulais pas t'effrayer. C'est moi, Eugénie !

Méconnaissable dans son costume de yéti, Eugénie prend le temps d'enlever son masque avant de rejoindre Cyrus.

— Qu'est-ce que c'est que cette idée ? demande le savant. Tu veux ameuter le quartier ?

— Mais non, répond Eugénie en riant. Je voulais vous montrer mon nouveau costume ! Madame Yéti, c'est moi !

— Gratton aurait pu faire un infarctus ! dit Cyrus.

— Il y a deux raisons à ma visite, Cyrus. Vous faire admirer mon costume, d'abord, et vous demander pourquoi le poil de notre corps ne pousse pas à la même vitesse que nos cheveux.

— Ton costume est très réussi, voilà pour le premier point. Quant à ta question sur les poils, c'est un peu plus complexe.

— Expliquez tout à madame Yéti !

— Grosso modo, ton corps est couvert d'un demi-million de poils et ils poussent de la même façon que les cheveux.

— Mais ils restent courts !

— Ou ils tombent avant d'avoir poussé beaucoup. Tu sais que le cuir chevelu est une zone du corps très vascularisée.

— Qu'est-ce que ça veut dire ?

— Que le cuir chevelu est une région où il y a énormément de vaisseaux sanguins. Cela stimule la pousse des cheveux.

— C'est tout ?

— Non, ce n'est pas tout. Si les poils ne poussent pas autant que les cheveux, c'est que nous n'en avons plus besoin.

— Plus besoin ?

— Les premiers humains étaient couverts de poils, comme bien des animaux. À partir du moment

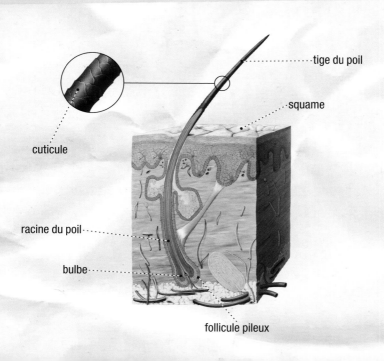

tige du poil

squame

cuticule

racine du poil

bulbe

follicule pileux

où ils ont pensé à se vêtir pour avoir chaud, ces poils ont perdu une de leurs fonctions.

— Le yéti, lui, a encore besoin de ses poils parce qu'il se promène tout nu ! riposte Eugénie.

— Quand tu l'auras vu, tu me le confirmeras !

— Vous voulez dire que le yéti pourrait porter un manteau, des bottes et un bonnet ?

— Je veux dire que personne n'a encore vérita-blement prouvé l'existence des yétis, précise Cyrus.

— Les poils ne servent donc plus à rien ! soupire Eugénie.

— Au contraire, les poils jouent un rôle d'avertis-seur. Ils perçoivent les mouvements très légers de l'air et augmentent ainsi la sensibilité de notre peau. De plus, certains poils ont une fonction de protection ; par exemple, les cils et les sourcils pré-servent nos yeux des corps étrangers.

— Cyrus, si nous sommes logiques, nous pouvons dire que les parties de notre corps qui n'ont plus de travail à faire disparaissent peu à peu ?

— Absolument.

— Alors, les cheveux… ?

Cyrus éclate de rire.

— Tu fais allusion à ma calvitie ?

— Non, je me pose sérieusement la question…

— … qui est loin d'être bête. Il est fort probable que les cheveux disparaîtront un jour de la tête des hommes…

— Vous êtes un précurseur, conclut la petite en remettant son masque de yéti.

La paume des mains et la plante des pieds sont les seules parties de notre corps qui sont entièrement dépourvues de poils.

Pourquoi les castors construisent-ils des barrages?

— Alors, Iankel, dit Cyrus, tu as l'air tout heureux!

— Ze viens de trouver un cinq sous sur le trottoir, répond le gamin de cinq ans, rayonnant de bonheur.

— Oh! C'est une somme importante. Que vas-tu en faire? La mettre dans ton cochon ou bien t'acheter des bonbons?

Iankel vient tout juste de trouver la pièce de monnaie. Tout à sa joie, il n'a pas encore réfléchi à l'usage qu'il en fera. Il contemple avec attention la pièce qui miroite au creux de sa menotte.

— Tu n'es pas obligé de décider tout de suite, lui dit le savant.

Mais Iankel ne l'entend pas. Il observe attentivement le côté pile de la pièce, à l'effigie du *castor canadensis*, le castor canadien.

— Pourquoi les castors construisent-ils des barrazes ? demande lankel.

— Une des raisons pour lesquelles les castors construisent des barrages, c'est certainement pour se protéger de leurs prédateurs : le loup, l'ours noir, le lynx et le coyote.

lankel fronce les sourcils.

— Leur but, vois-tu, c'est de garder l'entrée de leur maison cachée sous le niveau de l'eau afin d'empêcher l'ennemi d'entrer. Mais ils construisent aussi ce type de maison pour faciliter le flottage du bois et pour contrôler le niveau de l'eau.

Après avoir aidé le petit garçon à s'installer à côté de lui, Cyrus lui explique :

— Il leur faut bien contrôler le niveau de l'eau pour maintenir les entrées sous l'eau.

Iankel se concentre très fort.

— Le principe est simple, poursuit Cyrus. Le niveau des cours d'eau se modifie selon les saisons, selon les variations de la température ; certains étés sont secs, d'autres humides.

— C'est vrai.

— Bien des animaux dépendent de l'environnement. Le castor, lui, contrôle son environnement plutôt que d'en dépendre. Il prend les devants. Ses barrages lui permettent de maintenir le niveau de l'eau. D'ailleurs, cet animal se sent beaucoup plus à l'aise dans l'eau que sur la terre ferme.

— Ils sont malins, les castors.

— Lorsque, grâce à leurs barrages, ils contrôlent le niveau de l'eau, ils améliorent nécessairement le transport des troncs et des branches, et l'accès à leur nourriture.

— Ils abattent vraiment des arbres ?

— Les castors réussissent à abattre de gros arbres, tu sais. Ils coupent les branches et les transportent, parfois sur de longues distances, dans des endroits où ils pourront les découper en toute sécurité comme bon leur semble.

— Z'aimerais être un castor, admet Iankel. Ils grignotent tout le temps.

— Les castors sont des rongeurs et ils adorent manger l'écorce des arbres. Comme ils n'hibernent pas, ils empilent leur nourriture à côté de leurs huttes afin de se faire des réserves pour l'hiver.

— C'est pratique! Quand ils ont faim, ils n'ont qu'à étirer la patte. Ze vais mettre mon cinq sous dans ma tirelire, décide Iankel en quittant le banc.

Le castor est l'un des plus grands rongeurs de l'Amérique du Nord. Il peut peser jusqu'à 45 kg.

Qui a inventé la roue ?

De la rue, Prosper Branchu fait de grands signes à Cyrus.

— Besoin d'aide ? crie celui-ci.

Prosper Branchu indique que oui. Cyrus accourt aussitôt.

— Vous n'avez jamais tant reçu de courrier ! dit le joyeux facteur. Et un colis en plus !

— Sans compter les courriels et les messages en tout genre ! soupire Cyrus. Il faudra que j'engage un secrétaire, je ne peux pas répondre à toutes ces questions.

Les deux hommes entrent dans le bureau de Cyrus.

— Le colis, je le pose sur votre table de travail ?

— Oui, merci, fait Cyrus, distrait. Prenez le temps de vous asseoir, mon cher Prosper. Savez-vous ce qu'on me demande, dans une récente missive ?

— Euh… On vous demande d'où vient votre nom ?

— Non. Ça, c'est fréquent ! Cyrus, roi des Perses, je connais la leçon. On me demande plutôt le nom de l'inventeur de la roue !

— Vous n'allez pas me dire que vous connaissez son nom ! s'exclame le bon facteur.

— Loin de là ! On a toujours affirmé que ce sont les Chinois qui ont inventé la roue…

— C'est faux ? coupe Branchu.

— Pas absolument faux, sauf que les roues les plus anciennes que nous connaissons ont été découvertes dans des tombes de Mésopotamie.

— Pays de la tour de Babel…

— Cette région du monde que composent aujourd'hui l'Irak, la Syrie et une partie de la Turquie. On croit que c'est là que la roue a été inventée, il y a plus de 5000 ans.

— Elles étaient vraiment rondes ?

— On n'a pas pris la peine d'inventer la roue carrée, et c'est une bonne chose, Prosper ! Elles étaient rondes, bien sûr, elles étaient faites en bois et mesuraient environ 60 centimètres de diamètre. C'étaient les roues d'un chariot funéraire.

Invention de la roue

— Qu'est-ce qui fait qu'un jour quelqu'un pense à inventer une chose aussi utile ?

— Je vais vous donner mon opinion personnelle. Pendant très longtemps, les hommes ont utilisé des troncs d'arbre pour déplacer des objets lourds.

— Il a suffi d'une personne un peu plus audacieuse que les autres pour trancher le tronc d'arbre en rondelles ?

— Et pour penser que si on faisait passer un moyeu, une tige, par le centre de deux rondelles, cela pourrait être fort pratique ! ajoute Cyrus. Une fois le principe découvert, chacun pouvait l'améliorer à sa façon. C'est ainsi que les roues de Mésopotamie dont je vous parle étaient constituées de

3 morceaux de bois plein, attachés entre eux par des broches de cuivre.

— On pouvait tailler les morceaux de bois pour faire des roues plus grandes, plus fortes et plus solides. C'est très simple.

— Comme vous dites ! Il suffisait d'y penser. Il en est ainsi de bien des grandes inventions.

— Je ne suis pas certain, confie le facteur d'un air songeur, que j'aurais pu même penser à débiter un arbre en tranches.

— À cette époque-là, mon cher, vous auriez posé autant de questions qu'aujourd'hui et vous auriez forcé vos contemporains à trouver des réponses !

Vers 2000 av. J.-C., on passe de la roue pleine à la roue à rayons, beaucoup plus légère.

Pourquoi ai-je toujours les lèvres bleues quand je sors de la piscine ?

Cyrus met son chapeau et sort pour aller acheter quelques cartes postales en ville.

— Pourquoi a-t-on les lèvres bleues lorsqu'on sort de la piscine ? lui demande Jean-Baptiste, le fils de la marchande, dès qu'il le voit entrer.

— Parce qu'on reste trop longtemps dans l'eau froide, mon cher Jean-Baptiste. Sauf dans le cas d'une maladie sérieuse, la température de notre corps est de 37 degrés Celsius. Elle peut varier de quelques dixièmes selon les moments de la journée.

— Ah oui ? s'étonne Jean-Baptiste.

— Pour éviter que notre température monte ou descende selon les variations de la température

extérieure, notre organisme dispose d'un thermos-
tat interne.

— Comme pour contrôler la température d'une
pièce ? demande le petit garçon.

— Absolument. Dans le corps humain, ce ther-
mostat, c'est l'hypothalamus, situé à la base de
notre cerveau. C'est lui qui met en marche les
mécanismes de défense pour nous protéger du
froid.

— Formidable !

— Si on a froid et qu'on a les lèvres et les ongles
bleus, c'est que le corps lutte contre le froid en
diminuant la circulation du sang aux extrémités.

— Je comprends à présent, admet Jean-Baptiste
en fronçant les sourcils.

— Vois-tu, le corps concentre ainsi la circulation
du sang oxygéné vers les organes vitaux, comme
le cœur et le cerveau, qui ont le plus grand besoin
de chaleur et d'oxygène.

— Oui, je sais que ce sont des organes impor-
tants, dit Jean-Baptiste.

— Les vaisseaux sanguins se contractent, poursuit Cyrus, le diamètre des artères et des artérioles diminue. Cela s'appelle la *vasoconstriction*.

— Ce n'est pas un mot facile.

— Je te l'accorde. Aussi, comme la vasoconstriction a pour effet de diminuer la quantité de sang dans les extrémités, ce phénomène ralentit la déperdition de chaleur.

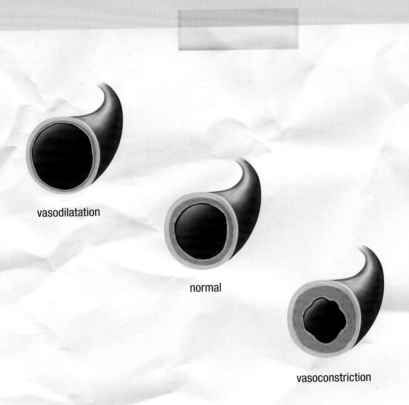

vasodilatation

normal

vasoconstriction

— Logique ! Et quand il fait chaud ? demande Jean-Baptiste au savant.

— C'est alors le contraire qui se produit : les vaisseaux se dilatent. C'est la vasodilatation.

— Mais, monsieur Cyrus, pourquoi cette couleur bleue ? Pourquoi nos lèvres ne deviennent-elles pas blanches ou rouges ?

— Si les lèvres et les extrémités paraissent bleues, c'est que la circulation du sang oxygéné vers ces régions est diminuée de beaucoup.

— C'est vrai, vous me l'avez dit.

— Le sang visible aux extrémités est donc le sang veineux, celui qui circule dans les veines et qui n'a pas encore été oxygéné. Le sang veineux n'est pas rouge clair, mais d'une couleur plus sombre.

— Merci, monsieur Cyrus. J'ai enfin compris que lorsque mes lèvres deviennent bleues, il est grand temps que je sorte de l'eau !

— Peut-être devrais-tu même sortir avant, lui conseille le savant avec un bon sourire.

— Vous êtes venu acheter des cartes postales, dit Jean-Baptiste. Puis-je vous aider à les choisir ?

Cyrus accepte l'offre du petit garçon, et tous deux cherchent celles qui feront plaisir aux amis du savant.

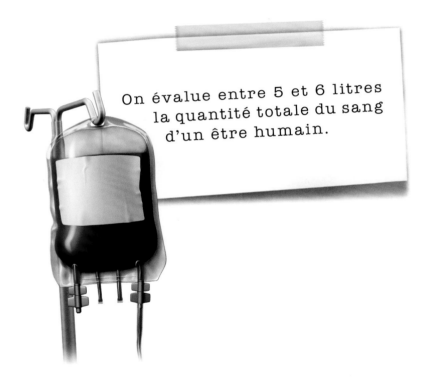

On évalue entre 5 et 6 litres la quantité totale du sang d'un être humain.

À quoi servent les menhirs ?

Ce soir-là, Cyrus s'est réservé la surprise du colis. La journée a été dure, mais l'envie de savoir ce que contient ce colis marqué de tampons étrangers et d'étiquettes colorées le rend heureux comme un enfant. Triabunna, Tasmanie.

Dans le colis, une enveloppe sans nom ni adresse ; dans l'enveloppe, un étonnant manuscrit photocopié : ce sont des pages couvertes de caractères runiques, comme ceux que l'on trouve sur des menhirs scandinaves, ces grandes pierres levées.

Dans l'enveloppe, pas un mot, pas un signe, rien. « Pourquoi m'envoie-t-on ce manuscrit ? » se demande Cyrus.

— Gratton, mon Gratton, dit Cyrus à son gros saint-bernard attentif, sais-tu ce qu'est un menhir ?

Gratte-Bedaine lève ses grands yeux bruns sur son maître.

— C'est une immense pierre pesant entre 10 et 20 tonnes, tu te rends compte? Il semble que les plus anciennes datent du 5e millénaire av. J.-C. Comment les hommes de cette époque transportaient-ils des pierres aussi lourdes alors qu'ils ne connaissaient pas la roue? On ne le sait pas très bien, mon cher chien...

Intrigué, Cyrus feuillette le manuscrit. Gratte-Bedaine pousse un grognement sourd.

— Tu veux la suite? On en connaît très peu sur les menhirs. Ces lourdes pierres étaient dressées, assemblées en alignements très réguliers, en cercles presque parfaits ou posées seules, au milieu d'un champ. Marquaient-elles l'entrée d'un village? un lieu de réunion? un endroit de pèlerinage? Certains disent que les menhirs servaient de repères pour des observations astronomiques liées à un culte du Soleil.

Gratte-Bedaine penche la tête sur le côté.

— Tu es un chien curieux, c'est bien! lui dit Cyrus. Dans les pays scandinaves, on a découvert des

pierres monumentales couvertes d'inscriptions qui rendent hommage à des guerriers héroïques. On retrouve des menhirs dans les pays scandinaves, en Irlande, en Angleterre, en Bretagne. Je les ai vus de mes propres yeux, Gratton !

Il suffit que Cyrus se taise un instant pour que le saint-bernard se remette à gémir.

— Je poursuis, mon bon, je poursuis… Dans l'île de Malte, en pleine Méditerranée, on trouve le même genre d'installations. Jusqu'à tout récemment, on a pensé que ce sont les Phéniciens, ces marins indomptables, qui ont répandu, au cours de leurs nombreux voyages, la coutume d'élever aux morts ces monuments gigantesques. Rien ne nous le prouve de manière sûre, mais c'est tout de même fascinant ! Fascinant !… Les hommes du néolithique, entre 5000 et 2000 ans av. J.-C., rendaient hommage à leurs morts de façon bien impressionnante !

Gratte-Bedaine gémit encore, mais cette fois-ci avec un soupçon d'impatience.

— Zut! s'exclame Cyrus. Moi qui croyais que tu voulais en savoir plus! C'est l'heure de ton repas, mon pauvre chien! Et je te parlais de menhirs!...

« C'est quand même curieux, ce manuscrit. Sans même un petit mot d'accompagnement! Qui me l'a fait parvenir, et pourquoi? » se demande Cyrus en servant à Gratte-Bedaine sa ration de croquettes.

Le plus gros menhir, situé à Locmariaquer, en Bretagne, pèse plus de 300 tonnes.

Pourquoi les requins laissent-ils dépasser leur aileron lorsqu'ils nagent ?

Assis dans son jardin, à l'ombre d'un grand tilleul, Cyrus est occupé à rapiécer la voile de son dériveur. Il songe aux requins, terreurs des marins de toutes les mers chaudes et tempérées.

Soudain, de grands cris tirent le savant de sa rêverie.

— Cyrus ! Cyrus ! appelle mère Marie-Madeleine.

— Je suis ici, ma mère, au fond du jardin !

La moniale rejoint son vieil ami.

— Asseyez-vous, ma mère, dit le savant sans abandonner son travail. Que vous arrive-t-il ?

— Vous savez, très cher ami, que les bénédictines sont propriétaires du manoir de Broglie.

— Loué, depuis dix ans, au colonel March…

— ... qui doit malheureusement nous quitter. À qui allons-nous pouvoir le louer?

— Il y a toujours une solution, déclare le savant. Nous allons la trouver. Avant votre arrivée, je songeais aux requins.

— Seigneur! Parlez-m'en donc, ça me changera les idées pendant un moment! Et tant qu'à parler de requins, dites-moi donc, alors, pourquoi leur aileron dépasse toujours de l'eau?

— Leur nageoire ne dépasse en fait que lorsque les requins nagent en surface. C'est simple, n'est-ce pas? Mais tous les requins ne nagent pas en surface. Les requins de fond, comme le requin-nourrice, restent toujours en profondeur.

— Je l'ignorais.

— N'allez surtout pas croire que les requins montrent leur aileron pour effrayer les gens.

— Il dépasse, c'est tout. C'est cela ?

— Exact. La vue d'un aileron fait peur, puisqu'elle indique la présence d'un requin.

— Comme les requins sont très dangereux, il est normal que cette image nous fasse peur ! Mais qu'est-ce que cet aileron, Cyrus ?

— C'est la nageoire dorsale du requin. L'aileron est rigide et présente des ressemblances avec le caoutchouc. Il est fait de cartilage, une matière flexible comme celle de notre nez ou du pavillon de nos oreilles. Notez que toutes les nageoires du requin sont rigides.

— Ce sont de bien curieux poissons.

— Oui. Ils font partie de la classe des poissons cartilagineux, tout comme la raie. Vous qui raffolez de la raie au beurre noir, vous avez sûrement remarqué qu'elle ne possède pas d'arêtes ou d'os durs comme les autres poissons.

— En effet, je l'avais déjà remarqué.

— Savez-vous qu'on compte environ 250 espèces de requins, et que leur taille varie de 30 centimètres à 18 mètres pour le requin-baleine ? Ce dernier est d'ailleurs le plus grand poisson vivant !

— Vous êtes un véritable puits de science, mon ami !

— Les requins sont des champions de natation, vous savez. Ils nagent tout le temps, même en dormant ! Sinon ils couleraient à pic parce qu'ils n'ont pas de vessie natatoire, un organe qui est comme un gros ballon dans le poisson et qui le fait flotter.

— Pauvres bêtes, dit mère Marie-Madeleine d'une voix compatissante. Dommage qu'ils nous effraient tant.

— Les requins terrifient les humains, mais ils ne sont pas tous d'effroyables mangeurs d'hommes.

— Ah non ?

— Comme il y a plusieurs sortes de requins, on ne peut parler d'un seul régime alimentaire commun à tous ces poissons. Les grands requins se nourrissent de poissons, d'autres requins et même de raies. Certains se contentent de manger du plancton et de petits animaux. Il existe même des requins qui se nourrissent de plantes.

— De plantes marines ? Jamais je ne l'aurais cru !

— Mais il en existe d'infinies quantités ! Rappelez-vous toutes ces merveilleuses plantes que nous avons vues quand nous avons fait de la plongée sous-marine.

— Ah, cher Cyrus, je crois qu'il y a des jours où mes neurones s'affaiblissent...

Les requins portent toutes sortes de noms, qui leur ont été attribués selon leur allure ou selon leur façon de vivre. Ainsi, le requin-tapis vit au fond des mers, sur le sol sous-marin. Le requin-renard a une longue queue. Le requin-épaulette porte sur les côtés des taches foncées, comme s'il était muni d'épaulettes.

D'où vient la cannelle ?

Cyrus ne cesse de penser au mystérieux manuscrit qu'il a reçu. Il le tourne et le retourne, compte les pages, essaie d'établir des rapports entre les caractères étranges qui le composent. L'écriture runique est faite de signes qui ressemblent autant à des lettres qu'à des dessins.

« Pourquoi, diable, m'a-t-on fait parvenir sans le moindre commentaire ce texte auquel je ne comprends rien ? Quelqu'un veut-il que je le déchiffre ? Quelqu'un veut-il m'envoyer un message au-delà du temps ? Je ne connais personne qui habite Triabunna, en Tasmanie. La Tasmanie est plantée dans la mer, au sud de l'Australie. À l'autre bout du monde ! »

Cyrus gratte son crâne chauve.

Arrive alors le grand Phédon, l'ami d'Éléni.

— Je te le dis tout de suite, Phédon, je suis préoccupé ! lance Cyrus.

— Ma question est très simple, ne vous en faites pas. Et je ne veux surtout pas vous déranger. Je désire simplement savoir d'où vient la cannelle.

— La cannelle !

— Oui ! La cannelle.

— Eh bien, la cannelle vient du cannelier, répond Cyrus.

— C'est tout ? Vous devez être bien préoccupé, dit Phédon, très déçu.

— Excuse-moi, mon grand. J'ai vraiment la tête ailleurs.

— Il se passe quelque chose de grave ?

— Non. Je t'expliquerai plus tard. Assieds-toi. Prendrais-tu un verre d'eau ? Je meurs de soif…

— S'il vous plaît, oui.

— La cannelle vient donc du cannelier, un petit arbre originaire de l'île de Ceylan, en Asie, aujourd'hui nommée le Sri Lanka. L'écorce des branches encore jeunes nous donne cette poudre brune.

— De l'écorce !

— C'est véritablement l'écorce broyée qui dégage cette odeur si particulière.

— Et seulement l'écorce des jeunes branches ? demande Phédon.

— On commence la récolte lorsque l'arbre a entre 3 et 4 ans.

— Et on la passe à la moulinette ?

— On doit d'abord la faire sécher. Ensuite, seulement, on la broie pour obtenir la poudre que tu connais. As-tu déjà vu de la cannelle non moulue ?

— Non.

— Cela ressemble à de petits bâtons, qui sont en fait l'écorce séchée, enroulée sur elle-même. Tu en trouveras dans les épiceries.

— Vous disiez que c'est un petit arbre. Petit comment ?

— On le garde relativement petit pour pouvoir récolter l'écorce sans trop de problèmes. Mais, à l'état sauvage, il semble que le cannelier puisse atteindre des hauteurs respectables.

— Cyrus, vous n'expliquez pas comme d'habitude… Est-ce que ça va ? Vraiment ?

— Ne t'en fais pas, Phédon. Tu connais la Tasmanie ? Triabunna, en Tasmanie, ça te dit quelque chose ?

— Rien du tout !

— J'ai reçu un colis terriblement intrigant qui vient de cette ville ! Et je ne connais absolument personne qui habite là…

— C'est peut-être le début d'un roman policier ?

Lorsque Christophe Colomb découvrit l'Amérique, ce fut un hasard de voyage. Ce qu'il cherchait véritablement, c'était la route des épices par voie de mer, celle qui le mènerait vers l'Inde, où l'on trouvait les épices, comme la cannelle.

Comment les fourmis peuvent-elles rester sous la terre sans respirer ?

— Que faites-vous, Cyrus ? demande Heidoshi. De la confiture de fourmis ?

— Mais non, répond le savant, je prépare, comme tous les étés, de la gelée de pétales de roses.

— Il doit bien s'y glisser une ou deux fourmis, remarque Heidoshi, soupçonneux.

— Tu dis n'importe quoi. Ma gelée est si claire que s'il s'y glissait des fourmis, je les verrais. Or, ce n'est jamais arrivé.

— Monsieur Cyrus, savez-vous comment les fourmis peuvent rester sous terre sans respirer ?

— Mais elles respirent, voyons, dit le savant. Comme tous les insectes, d'ailleurs. Assieds-toi,

Heidoshi. Toutefois, les insectes ne respirent pas comme nous.

— Comment, alors ?

— Contrairement aux humains, les insectes n'ont pas de poumons, ni de sang contenu dans des vaisseaux sanguins comme les nôtres.

— Comment peuvent-ils vivre ?

— Ils vivent autrement, répond le savant. Chez les insectes, le sang n'a pas pour fonction d'acheminer l'oxygène aux organes et aux tissus. Ils possèdent plutôt un système trachéal.

— C'est-à-dire ?

— Le corps de la fourmi est doté de tubes creux qu'on appelle *trachées*. Celles-ci partent de la tête et vont vers l'arrière du corps. Les trachées se subdivisent en tubes de plus en plus fins, les trachéoles. Ce sont ces tubes qui aboutissent à de nombreux petits trous à la surface du corps de la fourmi. C'est par là que l'air pénètre dans le corps de l'insecte et qu'il peut ensuite en ressortir. L'oxygène est ainsi acheminé à tous les organes qui, après s'être oxygénés, rejetteront du gaz carbonique.

— À vous entendre, j'ai l'impression d'écouter parler un plombier ! s'écrie Heidoshi. Un plombier qui me décrirait le système de ventilation d'un grand immeuble !

— C'est à peu près la même chose, admet Cyrus en déposant sa cuillère. Sais-tu, Heidoshi, que toutes les fourmis ne creusent pas leur nid dans la terre ?

— Ah non ?

— On a répertorié environ 6000 espèces de fourmis, chacune ayant ses habitudes de vie. De nombreuses espèces creusent, en effet, des galeries dans le sol ; celles-ci ont toujours une ouverture à l'air libre, souvent invisible pour nous. Le mouvement des fourmis, à l'intérieur de la fourmilière, crée lui aussi une circulation d'air.

— Vous me rassurez.

— Les fourmis peuvent donc respirer sous la terre d'autant plus que leurs fourmilières sont des endroits très bien aérés : l'air y circule aisément, car les galeries qui relient les nombreuses « pièces » d'une fourmilière s'ouvrent directement à la surface du sol.

Chez les fourmis, comme chez les abeilles, les mâles ne travaillent pas. Ils servent uniquement à la reproduction.

Pourquoi les ballons que nous gonflons nous-mêmes ne restent-ils pas dans les airs ?

— Bien sûr, mon cher Manfred, vous êtes le bienvenu ! D'ici deux à trois semaines ? Je vous attends ! Vous serez chez moi comme chez vous.

Cyrus raccroche le combiné. Personne d'autre que Manfred von Klingenhorf ne peut l'aider à résoudre l'énigme du manuscrit runique. « Quel beau problème ! a dit Manfred. Je viendrai en dirigeable ou en *Concorde*, en *Titanic* ! »

— En *Concorde* ou en *Titanic* ! Quel farceur, dit Cyrus à voix haute sans remarquer l'arrivée du petit Adrien.

— Cyrus ? Vous pensez à quoi ?

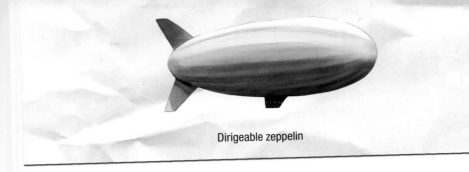

Dirigeable zeppelin

— Adrien ! Tu entres ici comme dans un moulin ?

— Comme d'habitude et comme tout le monde, Cyrus…

— Pour m'emprunter un outil, peut-être ? demande Cyrus avec son bon sourire, mais un peu distrait.

— Pas du tout ! Sauriez-vous me dire pourquoi les ballons que nous gonflons nous-mêmes ne volent pas ?

— C'est très simple. Pourquoi penses-tu que le ballon que tu gonfles toi-même ne vole pas ?

— En fait, il vole un peu… Mais il ne s'envole pas. Moi, j'aime les ballons qui s'envolent.

— Ceux qu'on perd de vue, qui transportent des messages à l'autre bout du monde ?

— Oui, ceux-là ! Ce sont les ballons que j'aime. Ils durent peut-être plus longtemps que les autres ?

— Alors que les autres se dégon-
flent devant toi…

— C'est toujours triste. Pourquoi, Cyrus ?

— Que mets-tu dans un ballon lorsque
tu le gonfles ?

— L'air de mes poumons.

— Et cet air-là, d'où vient-il ?

— Euh… de l'air ?

— Donc ? demande Cyrus avec son sourire des
grands jours.

— Donc… je mets dans le ballon de l'air qui est
de l'air sauf qu'il est passé par mon corps ?

— Comment ton ballon pourrait-il alors s'envoler ?

— Eh bien… Parce que…, dit Adrien.

— Si tu veux vraiment qu'il s'envole, il faut que
tu rendes ton ballon plus léger que l'air dans lequel
il va flotter.

— Ouais…, fait Adrien. Qu'est-ce que je mets
dedans ?

— N'importe quoi qui est plus léger que l'air.

— Même une aile de mouche, c'est plus lourd que l'air !

— Un gaz ! s'exclame Cyrus. Il te faut gonfler ton ballon avec un gaz plus léger que l'air.

— Ça existe ? demande Adrien.

— L'hydrogène, par exemple, est un gaz plus léger que l'air. Mais il est hautement inflammable.

— Ce serait dangereux !

— Très ! dit Cyrus.

— Il y a d'autres gaz moins dangereux ? interroge Adrien.

— L'hélium ! C'est avec de l'hélium qu'on gonfle les ballons qui s'envolent.

— Le gaz qui nous fait parler avec une petite voix bizarre ?

— Oui, celui qui, si on l'inhale, transforme temporairement la voix. C'est un gaz inerte, très stable. Il ne peut pas, comme l'hydrogène, s'enflammer à la première occasion.

— Plus léger que l'air! s'étonne Adrien. On ne penserait pas qu'il existe des choses plus légères que l'air…

— Et pourtant…, dit Cyrus.

« Les mystères sont-ils plus légers que l'air ? » songe-t-il en pensant au manuscrit de Triabunna.

Les ballons des frères de Montgolfier, les montgolfières, sont gonflés à l'air chaud, car l'air chaud est plus léger que l'air froid. Le premier ballon de ce genre s'éleva dans les airs au-dessus de Paris le 4 juin 1783.

Pourquoi y a-t-il de la buée qui sort de notre bouche lorsqu'on parle, l'hiver ?

Cyrus n'arrive pas à se décider. Il se sent si bien dans le grand réfrigérateur du dépanneur qu'il ne veut plus en sortir. La canicule sévit depuis douze jours. Le mercure s'est installé, à demeure semble-t-il, au-dessus de la barre des 32 degrés Celsius. Il n'en bouge plus que pour grimper, l'après-midi, à 35 degrés ou 36 degrés. Cyrus a le plus grand mal à travailler, car il n'arrive pas à se concentrer.

Installé au frais, le savant se sent revivre. Inquiet de ne pas le voir ressortir, Ali, le jeune employé du dépanneur, vient le rejoindre.

— Que vous arrive-t-il, monsieur Cyrus ? demande-t-il.

— Je prenais le frais, Ali. La chaleur me tuera.

— Si vous restez ici, monsieur, c'est plutôt le froid qui aura raison de vous! Regardez, nous faisons de la buée. D'ailleurs, pourquoi, lorsqu'il fait froid, produisons-nous de la buée en parlant?

— Quelle est la température à l'intérieur de ce grand frigo? demande Cyrus.

— Deux ou trois degrés, pas plus, répond Ali en s'asseyant sur une caisse, à côté de Cyrus.

— Et l'air contenu dans tes poumons, Ali, à quelle température se trouve-t-il?

— Euh…, émet l'employé en fronçant comiquement les sourcils, à la température du corps?

— Exact. Et celle-ci est de…?

— Je ne sais pas, avoue Ali.

— De 37 degrés Celsius. Tu imagines le contraste.

— Euh…

— L'air froid que nous inspirons entre dans deux poumons bien chauds, à 37 degrés. Une fois bien réchauffé, il ressort, chaud et humide.

— C'est ce contraste entre le chaud et le froid qui crée la buée?

— Exactement. L'air chaud et humide de nos poumons entre subitement en contact avec l'air froid ambiant, produisant de la vapeur, ou de la buée, si tu préfères. C'est le phénomène de la condensation.

— Comme si on mettait un grand bol d'eau chaude dans le bac à congélation du réfrigérateur?

— Oui, c'est le même phénomène. Tu sais, Ali, la formation des nuages dans le ciel ne survient pas autrement.

— Vraiment? Je vous avoue, monsieur Cyrus, que je ne vois pas le rapport.

— C'est très simple. Lorsqu'il fait chaud, l'eau des lacs et des rivières s'évapore. Elle monte alors vers le ciel, où elle rencontre des masses d'air plus froid. Tu me suis?

— Jusque-là, ça va.

— C'est ainsi que se forment les nuages, qui sont en fait de la même nature que la buée que nous produisons l'hiver, quand nous parlons.

— Ou ici, dans ce réfrigérateur.

— Peu importe d'où provient le froid, explique Cyrus. C'est la rencontre entre l'air chaud de nos poumons et l'air froid de l'extérieur qui engendre la buée.

— Merci de ces explications, monsieur Cyrus. Ça ne suffit pas à nous rafraîchir, mais au moins j'en sais plus long sur la buée...

C'est en 1918 qu'on a commencé à fabriquer les premiers réfrigérateurs domestiques aux États-Unis. La marque Frigidaire est devenue tellement populaire qu'on parle communément de *frigidaire* ou de *frigo* pour désigner cet appareil.

Pourquoi les chauves-souris dorment-elles la tête en bas ?

— Cyrus, il faut absolument que vous m'expliquiez pourquoi les chauves-souris dorment la tête en bas ! S'il vous plaît, s'il vous plaît, Cyrus, supplie Eulalie.

— C'est si urgent ? demande Cyrus, le nez plongé dans son atlas.

— Eh bien… non, pas vraiment.

— Tu as encore quelque chose à prouver à Veb ?

— Non. À quelqu'un d'autre.

Cyrus soupire longuement et lève les yeux sur Eulalie, plantée devant lui et apparemment décidée à rester jusqu'à ce qu'elle obtienne une réponse.

— Les chauves-souris, ma chère enfant, sont de curieux animaux. Tu sais que ce sont des mammifères, au même titre que Gratton.

— Ce sont les seuls mammifères vraiment volants ! précise Eulalie.

— Les chauves-souris se sont adaptées au vol. Leurs ailes ne sont cependant pas faites comme celles des oiseaux. Il s'agit d'une membrane de peau tendue entre les pattes de devant et les pattes de derrière. On l'appelle *patagium*.

— Mais ça ne m'explique pas…

— Patience, jeune fille ! réplique Cyrus. Pour voler, la chauve-souris a dû s'alléger considérablement. Ainsi, ses pattes de derrière se sont atrophiées à tel point qu'elles ne peuvent plus supporter le poids de son corps. Elle n'a pas ce qu'il faut pour s'envoler comme un oiseau. L'oiseau court et bat des ailes pour prendre son envol. La chauve-souris, ne l'oublie pas, est un mammifère. Étant donné qu'elle n'est pas bien équipée pour s'envoler, la chauve-souris se laisse donc tomber, ouvre ses ailes et fonce sur sa proie.

— Un animal décrocheur ! dit Eulalie en riant. Hop ! les filles, on se décroche et on part en chasse !

— Cela lui permet d'économiser de l'énergie, car elle n'a pas à battre inutilement des ailes.

— On imagine mal qu'elle puisse se reposer en se cramponnant à un rocher…

— Pourtant, elle se repose bel et bien, réplique Cyrus. Ses pattes de derrière sont pourvues de fortes griffes recourbées. C'est grâce à ces griffes que la chauve-souris peut s'accrocher fermement et se reposer. Le poids du corps permet aux griffes de se refermer solidement. Les muscles et les tendons supportent alors sans problème le corps de l'animal.

— Elle dort vraiment, suspendue ainsi la tête en bas ? demande Eulalie.

— Bien sûr que oui. Pendant la saison froide, elle hiberne même et dort de longs mois. Tu as suffisamment de matière pour impressionner ton copain ?

— Qui vous a dit que c'était un garçon ? fait Eulalie, le rouge aux joues.

— La couleur de tes pommettes ! répond Cyrus en riant. J'espère que celui-là n'a pas, comme Veb, fait courir la rumeur que tu avais les orteils palmés !

— Non, non, dit rapidement la petite. Au contraire, il pense que je sais tout…

— Oh !

— Grâce à vous, il pourra le croire encore un bon moment ! Merci, Cyrus.

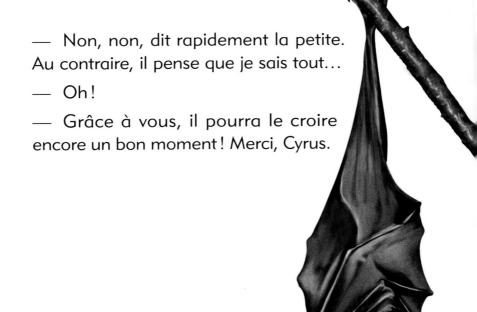

Certaines espèces de chauves-souris sont insectivores, d'autres, les roussettes, sont frugivores. Il existe des chauves-souris carnivores, comme la grande noctule qui se nourrit de petits oiseaux. Quant à celles que l'on nomme *vampires*, elles sont hématophages, c'est-à-dire qu'elles se nourrissent de sang.

?!

Comment les voyants font-ils pour savoir ce qui va nous arriver et ce qui nous est arrivé, alors qu'on ne leur a jamais parlé ?

« Ne ratez pas, ce soir, sur nos ondes, l'émission de madame Karousa, voyante extralucide. Vous pourrez lui poser toutes les questions concernant votre avenir... »

— Quelle absurdité ! s'exclame Cyrus.

— Vous ne croyez pas à la voyance ? lui demande la vendeuse.

Le savant se trouve à la caisse de la quincaillerie où il est venu acheter des clous à tête plate.

— Disons que je ne crois pas à la voyance radiophonique.

— Monsieur Cyrus, fait la jeune vendeuse, vous me trouvez ridicule d'y croire ?

— C'est ce type d'émission que je trouve ridicule, mais j'ai déjà connu un homme qui m'a semblé être un véritable voyant.

— Le magasin est calme, remarque Natacha. Prenez le temps de me dire comment les voyants peuvent connaître l'avenir ou le passé.

Seul client dans le magasin, Cyrus pose son sac de clous sur le comptoir.

— D'abord, il faut être très, très prudent lorsqu'on aborde le domaine de la voyance.

— Pourquoi ?

— Parce que beaucoup de charlatans profitent de la crédulité des gens. Vois-tu, Natacha, ce qui différencie l'être humain de l'animal, c'est que le premier a conscience de sa propre fin.

— Vous voulez dire que les humains sont les seuls animaux à savoir qu'ils vont mourir ?

— Oui. L'être humain cherche également à savoir d'où il vient, où il va, quel est le sens de sa vie. C'est très angoissant, alors il cherche des réponses et est parfois prêt à croire n'importe quoi ou n'importe qui.

— C'est vrai. Moi, j'aimerais savoir qui je vais épouser, si mes enfants seront intelligents et en santé, si j'aurai une maison confortable pour les élever.

— Ce n'est pas en appelant une « madame Karousa » que tu vas le savoir ! Personne ne peut expliquer scientifiquement ce qu'est la voyance.

— Peut-être parce que les scientifiques ne s'intéressent pas aux phénomènes paranormaux, monsieur Cyrus.

— Il y en a qui s'y intéressent, corrige le savant. Tu sais, on admet que certaines choses soient difficiles à expliquer scientifiquement.

— Par exemple, le fait qu'une mère qui se trouve loin de son enfant « sente » qu'il a besoin d'elle ?

— C'est un bon exemple. Une mère est si proche de son enfant que parfois elle « devine » ses peines ou ses besoins, même si elle est loin de lui. On connaît aussi ce phénomène chez les jumeaux qui se comprennent sans avoir à se parler. On constate ces faits, mais on ne sait pas les expliquer scientifiquement.

— Vous avez donc connu un véritable voyant ? demande Natacha, de plus en plus intéressée.

— Je pense en effet qu'il l'était, mais il n'est pas possible de le prouver. C'était un homme fort simple, qui parlait rarement de ce don et qui, surtout, n'acceptait jamais d'argent pour l'exercer. Beaucoup de philosophes et de scientifiques remettent en cause la notion du temps tel que nous le connaissons : passé, présent, futur, l'un à la suite de l'autre.

— Je ne vous suis pas.

— On émet l'hypothèse que le temps soit global, que passé, présent et futur existent tous les trois en même temps.

— En même temps !

— Les voyants auraient donc cette faculté d'observer le futur et le passé parce qu'ils sont là, au même moment que le présent. Par quel phénomène ils peuvent « voir » le passé et le futur, je ne puis te l'expliquer. Est-ce même l'explication juste de ce phénomène, impossible de le dire, mais

certaines personnes semblent posséder naturelle-
ment ce don. Maintenant je dois partir...

— N'oubliez pas vos clous, monsieur Cyrus, s'empresse de dire Natacha.

Dans la ville de Delphes, en Grèce, se trouvait le temple d'Apollon, construit dans
l'Antiquité pour honorer ce dieu de la my-
thologie. Les grands venaient y consulter
la pythie, la prêtresse chargée de trans-
mettre les oracles du dieu. On la visitait
avant d'entreprendre des guerres ou de
prendre des décisions importantes.

Pourquoi les éléphants ont-ils de grandes oreilles?

— Ma chère mère Marie-Madeleine, dites-moi…, commence Cyrus avec un sourire séducteur.

— Vous avez une demande particulière à me faire, je le sens! réplique aussitôt la bonne abbesse.

Ils terminent une soupe de poisson assez consistante pour leur servir de repas. La nonne croise ses mains sur son ventre rond et observe le savant d'un œil malicieux.

— Voilà! explique-t-il. Mon grand ami Manfred von Klingenhorf, de l'université de Heidelberg, doit me rendre visite. Pourrait-il loger dans le petit manoir de votre communauté?

— Mais bien sûr! Bien sûr! Nous nous ferons un plaisir de le recevoir! Cela ne pouvait pas tomber mieux! Surtout depuis le départ de notre locataire…

— Je vous défraierai évidemment de toutes vos dépenses…

— Nous arrangerons ça, ne vous inquiétez pas. Et, gentillesse pour gentillesse, voudriez-vous m'éclairer sur un point?

— Lequel?

— L'utilité des oreilles des éléphants. Nous en parlions l'autre soir avec une jeune nonne et nous voguions dans l'ignorance. Pourquoi ces animaux en ont-ils d'aussi grandes?

— Je vous signale d'abord qu'il existe deux espèces d'éléphants : l'éléphant d'Afrique et celui d'Asie. L'éléphant d'Afrique possède des oreilles beaucoup plus grandes que celles de son cousin. Il est beaucoup plus gros, sa tête est moins ronde et il a moins de poils que l'éléphant d'Asie.

— Nous disions que les oreilles de l'éléphant servaient à effrayer l'ennemi. Notre petite nonne affirmait que l'animal les utilisait pour chasser les mouches, les moustiques et autres bestioles agaçantes.

— Elles peuvent en effet effrayer l'ennemi, mais ce n'est pas leur usage principal.

— À quoi servent-elles donc? demande la religieuse.

— D'abord et avant tout à rafraîchir l'animal. L'oreille de l'éléphant est une sorte de ventilateur.

— Vous voulez dire qu'il agite les oreilles pour brasser l'air?

— Le fait de les battre apporte autour de lui de l'air un peu plus frais. Mais il y a plus que cela: l'arrière de l'oreille de l'éléphant est sillonné de minuscules vaisseaux sanguins. Le sang qui y circule est ainsi rafraîchi. La température des oreilles de l'éléphant peut baisser de 5 degrés grâce à ce système de ventilation.

— Ah! mon cher! Comme vous êtes savant!

— Maintenant, demande Cyrus, sauriez-vous m'expliquer pourquoi les éléphants d'Afrique ont de plus grandes oreilles que les éléphants d'Asie ?

— Euh… Parce qu'il fait plus chaud en Afrique qu'en Asie ?

— Pas tout à fait. Les éléphants d'Asie vivent en forêt, où ils peuvent aisément se mettre à l'ombre, alors que ceux d'Afrique vivent dans la savane, en terrain découvert. Il est difficile pour l'éléphant d'Afrique de trouver de l'ombre. Ses oreilles se sont donc développées en conséquence. Elles peuvent atteindre 2 mètres de hauteur et presque autant en largeur.

— Je ferai part de votre science à notre petite nonne. Et votre Siegfried, il arrive quand ?

— Manfred. Manfred von Klingenhorf. D'ici peu, ma chère, d'ici peu. Je vous informerai de son arrivée, n'ayez crainte.

Chez les éléphants d'Afrique, les mâles et les femelles sont pourvus de défenses, alors que chez les éléphants d'Asie, seuls les mâles en possèdent.

Pourquoi la nitroglycérine explose-t-elle lorsqu'on la secoue ?

Tibérius rapporte à son oncle un livre ancien sur le tannage. Il sonne à la porte et attend patiemment. Il s'apprête à repartir, lorsqu'on ouvre brusquement.

— Excusez-moi, tonton, dit Tibérius. Je passais dans le coin et j'ai pensé vous rapporter votre livre.

Une serviette de bain enroulée autour des reins, Cyrus dégouline sur le seuil.

— Je vous dérange ?

— Je sortais du bain.

— Ça se voit. Je tombe mal. J'espère que vous n'allez pas exploser comme un pot de nitroglycérine qu'on secoue un peu trop.

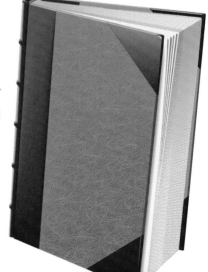

— Rassure-toi, répond le savant, je suis de belle humeur.

Sachant que son oncle ne refuse jamais de répondre à une question, Tibérius s'empresse donc d'en formuler une.

— Dites-moi, cher oncle préféré, pourquoi, au juste, la nitroglycérine explose-t-elle lorsqu'on la secoue ?

— Petit malin, va ! dit Cyrus. Entre donc ! Sache, pour commencer, qu'elle est une curieuse invention de l'homme et donc qu'elle n'existe pas à l'état naturel.

— Vous voulez dire qu'on ne trouve pas de nitroglycérine dans la nature ?

— Exactement. La nitroglycérine est un composé chimique extrêmement instable, qui se comporte bizarrement.

— Comment la fabrique-t-on ?

— La nitroglycérine est composée de carbone, d'hydrogène, d'oxygène et d'azote. C'est un produit fabriqué exclusivement en laboratoire. Elle se décompose facilement et explose en une fraction de seconde.

— Aussi rapidement?

— Tu comprends donc à quel point cette substance est dangereuse à manipuler.

— Quelle en est la recette?

— Ne compte pas sur moi pour te la donner, rétorque Cyrus. L'important, c'est de savoir que toute matière est composée d'atomes.

— C'est la base…

— Les atomes s'unissent entre eux pour former des molécules. Les molécules des différentes matières se tiennent ensemble plus ou moins solidement, selon leurs assemblages.

— Élémentaire…

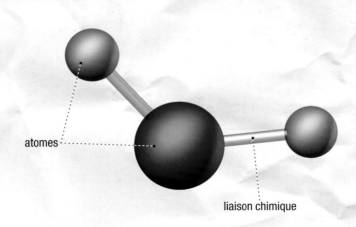

atomes

liaison chimique

Molécule

— Dans le cas de la nitroglycérine, les liens entre les atomes sont particulièrement fragiles. Pour bien comprendre le phénomène, pense à un jeu de cartes.

— Je ne vois pas le rapport…

— Chaque carte représente un atome. Dans les matières très stables, les atomes sont aussi solides que des cartes empilées les unes sur les autres de manière à former un paquet de cartes.

— Je vois.

— Dans le cas de la nitroglycérine, c'est comme si on avait assemblé les cartes pour former un château. C'est un assemblage si fragile qu'au moindre frôlement, à la moindre secousse, le château s'effondre.

— C'est-à-dire que la nitroglycérine explose ?

— Oui, parce que pour fabriquer la substance chimique, pour faire tenir ensemble les atomes, il a fallu utiliser beaucoup d'énergie. C'est cette énergie qui est libérée au moment où la nitroglycérine explose.

— Merci, tonton. À présent, vous êtes pratiquement sec.

C'est l'Italien Ascanio Sobrero qui a découvert la nitroglycérine en 1846. Le Suédois Alfred Nobel a inventé la dynamite vingt ans plus tard. Quel est le rapport entre les deux ? La nitroglycérine est une des composantes essentielles de la dynamite !

Pourquoi a-t-on des caries?

Au moment où il passe le pont de pierre, Cyrus entend courir derrière lui.

— Attendez-moi, je vais faire un bout de chemin avec vous! crie Hortense.

En moins de deux, elle arrive à la hauteur du savant.

— Vous allez bien? demande-t-elle, radieuse.

— Assez. Je sors de chez le dentiste.

— Il vous a gelé?

— Non. Je n'ai pas la moindre carie depuis plus de vingt ans.

— Vous avez de la chance! fait Hortense.

— Tu en as, toi, des caries? interroge Cyrus.

— Une seule. Et je n'ai pas peur du dentiste. Les caries, Cyrus, qu'est-ce que c'est, exactement?

— C'est un affreux phénomène qui ronge nos dents ! Savais-tu que la carie est l'affection la plus répandue sur notre planète ?

— Ça se produit comment ?

— Tu sais qu'il y a des bactéries qui vivent dans notre bouche, n'est-ce pas ?

— Oui.

— Ces bactéries transforment en un acide puissant les minuscules restes de nourriture qui subsistent dans notre bouche après un repas. Elles aiment tout particulièrement le sucre et l'amidon, et elles cherchent…

— … quelque chose à se mettre sous la dent ! dit Hortense en éclatant de rire.

— L'acide fabriqué par les bactéries attaque l'émail de tes dents. Il y creuse de petites cavités et attaque ensuite l'ivoire.

— C'est ce qu'il y a sous l'émail ? demande Hortense.

— Oui, et sous l'ivoire, au centre de la dent, se trouve la pulpe. Lorsque la carie a rongé l'émail, elle s'attaque ensuite à l'ivoire et elle se rend ainsi jusqu'à la pulpe. Elle peut ronger la dent jusqu'à la racine.

— C'est terrible! s'exclame Hortense.

— Ça se répare, tu le sais bien! Le dentiste doit nettoyer toute la partie atteinte, sinon la carie continuerait son œuvre de destruction. Ensuite, il bouche soigneusement le trou avec un amalgame fait de cuivre, d'argent, d'étain qui contient aujourd'hui une dose infime de mercure. On utilise aussi, et de plus en plus, un composite de résine durci à

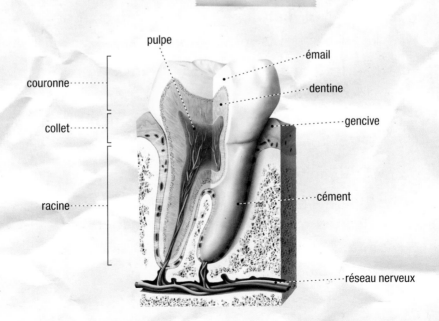

couronne

collet

racine

pulpe

émail

dentine

gencive

cément

réseau nerveux

la lumière appelé *plombage blanc*, moins appa-
rent.

— Sinon, ce ne serait pas très joli…

— Si on ne s'occupe pas assez rapidement de la
carie, le traitement peut être passablement plus
compliqué qu'une simple obturation.

— C'est fragile, une dent! soupire Hortense.

— Mais c'est aussi très résistant! Le pire
ennemi de la dent, c'est le sucre. Et c'est dans
les pays où l'on mange une cuisine très raffinée
que les gens ont le plus de caries. L'alimentation
joue un rôle important dans le développement
des caries. Il faut donc prendre bien soin de
nettoyer ses dents matin et soir.

— Surtout le soir, précise Hortense. Parce
que les bactéries ont toute la nuit devant elles
pour travailler à démolir l'émail des dents!

— Il faut également s'occuper des gencives. Tu sais, avant, les gens n'entrete-
naient pas leurs dents. Elles cariaient tant
que les dentistes devaient les arracher.
Maintenant, l'hygiène buccale est une

chose essentielle, et les gens s'occupent mieux de leurs dents.

— Je vais m'occuper sérieusement de mes gencives et de mes dents, Cyrus ! s'exclame Hortense. Je ne voudrais pas, plus tard, vous offrir un sourire édenté !

L'émail des dents est le matériau le plus dur de notre corps. La salive protège cet émail et constitue un véritable système de défense contre les bactéries.

Qui a découvert l'or, et pourquoi est-il si précieux ?

Tranquillement assis au coin de sa table de cuisine, Cyrus observe le petit seau que lui a apporté Fabien. Il est rempli d'objets brillants, de petits bouts de métal argentés ou dorés.

— « Tout ce qui brille n'est pas or », dit sentencieusement le garçon. J'ai trouvé ça, Cyrus. Pensez-vous qu'il y a là-dedans quelque chose de précieux ?

— Les hommes ont très tôt été attirés par ce qui brillait, pierres et métaux, car ils aimaient s'en parer.

— C'est probablement ainsi qu'ils ont découvert l'or, n'est-ce pas ?

— Oui. Tu sais que l'or existe sous deux formes : l'or pur que l'on trouve dans les pépites des rivières, et l'or mêlé à des impuretés que l'on découvre dans les filons, sous la terre.

— Il est facile d'imaginer que l'or a d'abord été trouvé sous forme de pépites dans les rivières. Mais à quelle époque? demande le garçon.

— Nous savons que des mines d'or étaient déjà exploitées plusieurs millénaires av. J.-C. Quand fut découverte la première pépite d'or dans le lit d'une rivière? Ça, personne ne peut le dire.

— Mais pourquoi l'or est-il un métal si précieux?

— Parce que les humains lui prêtent une grande valeur, tout simplement.

— Mais pourquoi? insiste le garçon.

— L'or est un métal rare. C'est un métal précieux, et on le considère comme tel depuis la plus haute antiquité.

— L'or est rare, d'accord, admet Fabien, mais pourquoi dit-on qu'il est précieux?

— À cause de ses qualités physiques, répond l'érudit.

— Que voulez-vous dire?

— Contrairement aux autres métaux, l'or est inaltérable, c'est-à-dire qu'il ne s'oxyde pas, comme le cuivre par exemple. Il ne ternit pas non plus, comme le fait l'argent.

— C'est vrai. On n'a pas à le frotter régulièrement pour qu'il brille, reconnaît Fabien.

— Rien ne peut détruire ce métal. C'est pourquoi il est parfois utilisé en art dentaire. Les acides contenus dans la bouche ne peuvent le dissoudre. De plus, l'or ne s'écaille pas.

— A-t-il d'autres propriétés ?

— Il se travaille facilement, sans qu'on ait besoin de le faire chauffer, comme le fer, par exemple. C'est également ce qui a séduit les Anciens : ils pouvaient travailler l'or sans installations complexes.

— Si les maréchaux-ferrants avaient pu fabriquer des sabots d'or, dit Fabien, leur travail aurait été moins pénible !

— Tu as tout compris ! Si tu savais tout ce qu'on peut faire à partir d'une simple pépite d'or !

— Quoi donc? demande Fabien, de plus en plus intéressé.

— À partir de 10 grammes d'or, on peut fabriquer un fil de 35 kilomètres de long. Une petite quantité d'or est également suffisante pour être transformée en une feuille si mince qu'elle devient transparente.

— Et on en fait quoi?

— La feuille d'or a bien des usages, mais cette pellicule transparente sert, entre autres, à recouvrir la visière du casque des astronautes. Elle réfléchit 90% des rayons infrarouges du Soleil. Tu peux refermer la bouche, Fabien…

Une énorme pépite d'or a été trouvée en Australie en 2016 et elle pèse près de 4 kg. Cela est tout de même bien loin d'une pépite trouvée en 1869, en Australie également, qui pesait 65,2 kg !

Pourquoi dit-on que les amphibiens sont les voyants rouges de l'environnement ?

« Quand mon cher Manfred sera arrivé, nous pourrons à notre aise examiner ce satané manuscrit ! » se dit Cyrus.

Cyrus soigne son impatience en travaillant ses gammes au violoncelle, mais il est vite interrompu par l'arrivée fracassante d'Alice, poursuivie par Sashimi.

— Dehors, les bêtes ! Dehors ! Depuis quand entres-tu ici, grand escogriffe ? lance-t-il au chat errant.

— Depuis qu'il chasse la grenouille avec Alice ! lance la voix joyeuse de Tibérius.

— Toi ! s'exclame Cyrus. Heureux de te voir, mon cher neveu ! Nos chats chassent la grenouille ?

— Ils s'en disputent une !

— Laissez les grenouilles tranquilles, vilains chats !
gronde Cyrus. Elles ont la vie assez dure comme
ça !

— Les grenouilles ont la vie dure, tonton ? demande
Tibérius.

— On dit, mon cher neveu, que les amphibiens
sont les voyants rouges de l'environnement.

— Les voyants rouges ? Pourquoi ?

— Leur comportement nous servirait de signal
d'alarme.

— Expliquez-moi, dit le grand garçon.

— Tu as le temps ?

— Oh oui ! Je passais voir mon bon tonton avant d'aller jouer au hockey.

— C'est gentil de ta part. Les grenouilles, comme tu le sais, sont des amphibiens. Or, depuis 1980 environ, on observe de grands changements chez les populations d'amphibiens. Grenouilles, crapauds et salamandres, notamment, montrent des anomalies importantes.

— Lesquelles ? demande Tibérius d'une voix inquiète.

— Toutes sortes de malformations. Leurs pattes se déforment ou s'atrophient, leurs doigts disparaissent. La pollution de la planète serait responsable de ces malformations. On suppose que les grenouilles, qui vivent à la fois dans l'eau et à l'air libre, subissent deux types de pollution : celle de l'eau et celle de l'air. Plusieurs espèces de grenouilles auraient déjà disparu.

— À cause de toutes les substances toxiques qui se répandent dans l'eau et dans l'air ?

— Exactement. Ce qui est étonnant, c'est que dans des régions protégées de la Terre, certaines populations de grenouilles s'éteignent.

— Des régions où la pollution ne devrait pas exister? demande Tibérius.

— C'est ça. Il y a des endroits moins touchés par la pollution que d'autres, et, même dans ces zones-là, les populations d'amphibiens disparaissent ou montrent de graves anomalies.

— C'est étrange.

— Certains écologistes considèrent que les amphibiens réagissent aux bouleversements écologiques plus rapidement que les autres animaux. Si les grenouilles sont victimes de la pollution, on peut donc conclure que la situation est très grave,

car si la santé des grenouilles va, tout va. Mais justement, la santé des grenouilles va de moins en moins bien…

— Soyons donc vigilants, cher oncle, et empêchons les chats de chasser la grenouille !

Les grenouilles respirent à la fois par la peau et par les muqueuses de leur cavité buccale. Les larves de grenouilles, elles, respirent par des branchies.

Le tiers des espèces d'amphibiens de la planète serait en voie d'extinction, alors qu'elles ont survécu pendant 250 millions d'années à diverses perturbations.

Comment fabrique-t-on les feux d'artifice ?

— Vous semblez découragé, mon bon Cyrus, dit Prosper Branchu.

— Juste un peu de fatigue, répond Cyrus.

— Fatigué, vous ? Un soleil, un feu d'artifice !

— Ne me parlez pas de feu d'artifice, Prosper ! C'est la prochaine question à laquelle je dois répondre.

— Venez, dit l'employé des postes en entraînant son ami par le bras. Vous allez m'offrir un verre de votre merveilleux petit muscat et m'entretenir des feux d'artifice, d'accord ? Quand vous aurez terminé, votre réponse sera toute prête.

— Prosper, mon ami, je vous adore !

— Alors comment les fabrique-t-on ? s'enquiert le facteur.

— À la main ou de façon industrielle. C'est une entreprise passablement dangereuse puisqu'il s'agit de manipuler des explosifs.

— C'est vrai !

— Dans les pays où on les fabrique encore à la main, comme en Italie et en Espagne, on travaille dans des champs où chaque fabricant s'installe loin des autres, dans un petit atelier.

— Afin de se protéger, j'imagine.

— En effet. Si l'un d'eux rate son coup, il est assez loin des autres pour ne pas faire exploser toutes les pièces de ses voisins ! Aux États-Unis, en Allemagne et au Japon, les feux d'artifice sont fabriqués dans des usines. Ces pièces pyrotechniques sont beaucoup moins spectaculaires que celles fabriquées à la main.

— Comment est faite une pièce pyrotechnique ? s'informe le facteur.

— La bombe, c'est-à-dire la pièce pyrotechnique, est composée de trois parties. Dans sa base, on place la « poudre noire ». C'est l'explosif, un mélange de charbon, de soufre et de nitrate de potassium.

Une mèche menant au premier compartiment allumera la poudre noire.

— C'est elle qui met le feu aux poudres, en quelque sorte !

— Lorsqu'on allume la mèche, la flamme la parcourt jusqu'au compartiment de poudre noire. En explosant, celle-ci propulse l'appareil dans les airs.

— Ce que vous décrivez là, Cyrus, c'est le principe de la fusée ?

— Oui. Plus le compartiment est gros, plus la pièce montera haut.

— Que contient la tête de la fusée ?

— Au-dessus du compartiment de la base, on place un deuxième compartiment, où se trouve une autre mèche, qui agit à retardement. Pendant que la bombe monte dans les airs, la mèche à retardement se consume et, lorsque la bombe arrive à la hauteur prévue, le troisième compartiment explose en plein ciel.

— Ce troisième compartiment contient donc, lui aussi, de la poudre noire ?

— De la poudre noire, oui, mais surtout les étoiles. Ce sont elles qui composent le feu, ses motifs et ses couleurs. Les étoiles sont des produits chimiques de différentes espèces.

— Jusqu'où peuvent s'élever les pièces ?

— Selon l'importance de leur taille, les pièces pyrotechniques peuvent atteindre 50 à 400 mètres d'altitude.

— Moi, lance le facteur, la couleur que je préfère, c'est l'orangé… La couleur du muscat…

Le rouge des pièces pyrotechniques est produit par le strontium, l'orange par le sodium, le blanc par le magnésium ou l'aluminium, le vert par le baryum. Le bleu, la couleur la plus difficile à produire, provient du cuivre.

À quoi servent les sangsues ?

« Arrive mardi Lufthansa vol 478, 17 h 00. Manfred »

Cyrus esquisse un pas de danse au beau milieu du salon. Il entraînerait Gratte-Bedaine avec lui si le gros chien n'était pas allergique à la danse.

— Manfred arrive, mon Gratton ! Manfred arrive ! crie Cyrus, au comble de la joie. Nous percerons le mystère du manuscrit runique de Triabunna, Tasmanie.

— Le quoi ? demande une petite voix par la grande fenêtre du salon.

— Léon ! Tu m'as fait peur ! dit Cyrus.

— Vous dansez tout seul dans votre salon ?

— Cela m'arrive à l'occasion, lors de grands bonheurs, mon petit Léon.

— Vous faites la danse du bonheur ? demande le petit.

— C'est exactement ça ! Tu désires me poser une question ?

— Je veux que vous me parliez de la chose la plus dégueulasse du monde : les sangsues.

— On ne peut pas dire qu'elles soient très sympathiques au premier coup d'œil, admet Cyrus.

— J'ai un travail à préparer pour l'école. Question : parlez-nous de la chose qui vous répugne le plus. J'ai choisi les sangsues.

— Sache, mon petit Léon, que la sangsue est un ver qui vit généralement dans les lacs et dans les rivières. Il existe des sangsues de mer, mais elles sont plus rares. Les sangsues appartiennent à la famille des annélides.

— Un ver ! Ouach !

— Mais elles ont été fort utiles ! s'exclame Cyrus.

— Elles ne le sont plus ? demande le petit Léon.

— D'une certaine manière, oui, elles le sont encore. Avant, on s'en servait pour saigner les gens et faire ainsi « sortir » la maladie du corps d'un malade, car on croyait que la maladie était dans le sang.

— Quelle horreur !

— Les sangsues sécrètent une substance qui empêche le sang de se coaguler, un anticoagulant donc, qui s'appelle l'*hirudine*. Cette substance rend le sang plus fluide et aide les veines à se dilater. Aujourd'hui, on utilise des dérivés de cette « salive » de sangsue pour empêcher les caillots de se former dans les vaisseaux sanguins.

— Vous connaissez Camille ? Pas la grande, l'autre. La petite avec les cheveux blonds frisés. Elle prépare chaque été de la soupe à la sangsue ! Elle attrape les sangsues avec un tamis, elle leur jette du sel sur le corps et elle les laisse ratatiner dans un grand pot.

— Quand j'étais petit, dit Cyrus, une sangsue s'était accrochée à mon pied. Mon père l'avait détachée avec du vinaigre. Mais le sel aurait aussi bien fait l'affaire. L'important est de ne pas l'arracher, sinon sa ventouse et sa trompe peuvent rester dans la peau et causer une infection.

— Ça fait mal, une sangsue ? demande le petit Léon.

— Seulement quand on l'arrache. La sangsue sécrète un produit anesthésique qui empêche de sentir sa morsure. Elle est futée, n'est-ce pas ?

— C'est épouvantable ! Mais est-ce que les sangsues servaient vraiment à quelque chose ?

— Sur une grosse ecchymose, ça fonctionne très bien. Mais pour soigner les délires mentaux, les maladies de peau, les migraines ou la coqueluche, je te dirais que non ! On s'en sert encore aujourd'hui pour soigner par exemple certaines phlébites et l'arthrose du genou.

— La médecine a tout de même fait des progrès, remarque le petit Léon. Et je préfère me servir de ma trousse de premiers soins plutôt que de garder des sangsues dans mes poches au cas où je me blesserais...

La sangsue peut vivre jusqu'à 20 ans. Lorsqu'elle a absorbé entre 10 et 15 ml de sang, elle peut subsister pendant 24 mois grâce à cet unique repas.

Pourquoi perdons-nous nos dents ?

On sonne à la porte. Cyrus dépose son chiffon et va ouvrir. Nikita lui présente un petit écrin noir. Cyrus l'ouvre. À l'intérieur, il découvre une dent de lait, placée soigneusement entre deux couches d'ouate.

— Tu as perdu une dent, mon pauvre Nikita… Ta première dent qui tombe !

— Oui. Mais pourquoi est-ce qu'on perd nos dents ? demande l'enfant.

— Nous perdons nos dents de lait parce que nous grandissons et que ces premières dents ne sont plus utiles. Entre, Nikita.

Le savant reprend son chiffon et commence à essuyer minutieusement les feuilles de son philodendron.

— Vois-tu, explique-t-il au petit garçon, chez le bébé humain, les premières dents de lait apparaissent vers l'âge de 6 mois, et les dernières dans la troisième année de vie. Elles commencent à tomber vers l'âge de 6 ans.

— Pourquoi les enfants perdent-ils leurs dents ? insiste Nikita.

— Les premières dents de l'humain sont adaptées à une nourriture molle, car le bébé se nourrit surtout de purée, il mange de toutes petites bouchées. Quand il vieillit, son alimentation change, elle se diversifie. L'enfant mange des choses plus

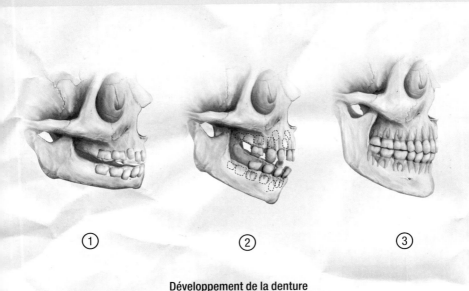

Développement de la denture

dures, mastique de la viande et des légumes crus. Il a besoin de dents plus solides. Comme toi, maintenant!

Cyrus change de chiffon sans toutefois cesser de parler.

— Les premières dents sont moins solides. Elles sont recouvertes d'une grande quantité d'émail, ce qui les rend plus blanches et plus brillantes, d'où leur nom de *dents de lait*. Mais elles contiennent moins d'ivoire. Elles sont aussi beaucoup plus petites que les dents d'adultes, car elles sont adaptées à une mâchoire d'enfant.

«Je t'ai négligée, ma pauvre Philomène», songe le savant en continuant d'épousseter sa plante.

— L'enfant grandit, poursuit-il à haute voix. Sa mâchoire se développe, les dents permanentes, plus grosses et plus solides, poussent sous les dents de lait et provoquent leur chute. Les dents de lait sont au nombre de 20, alors qu'un adulte a 32 dents. La dent permanente possède un émail qui s'use de plus en plus avec les années et qui laisse voir l'ivoire qui se trouve dessous. Comme l'ivoire est plus poreux et plus facilement décoloré par les aliments, les dents d'un adulte sont plus jaunes.

« Il était temps que je m'occupe de toi, chère Philo. »

— Si nous conservions nos dents de lait toute notre vie, elles ne seraient pas assez nombreuses ni assez grosses pour emplir notre bouche. Trop espacées et trop petites, elles ne seraient pas efficaces pour mastiquer la nourriture. De plus, de telles dents s'useraient beaucoup trop rapidement. En tombant, les dents permettent aussi la croissance de la mâchoire.

Cyrus recule et admire le résultat du toilettage de la plante. Satisfait, il range ses torchons et s'assied.

— Alors, Nikita, ai-je répondu à ta question ?

— Très bien, monsieur.

— Je devrais ajouter, avant que tu partes, qu'il faut prendre bien soin de ses dents de lait, car leur carie peut entraîner la contamination des dents de remplacement. Mais surtout, surtout, Nikita, n'oublie pas de placer ta petite dent sous ton oreiller…

On a utilisé toutes sortes de remèdes pour soulager les douloureux maux de dents. Autrefois, quand le mal était trop avancé, les arracheurs de dents faisaient leur travail. En réalité, quiconque possédait une solide paire de pinces pouvait s'improviser arracheur de dents !

Comment fait-on pour distinguer un champignon vénéneux d'un champignon comestible ?

Cyrus revient de la rivière, quatre truites à la main. « C'est parfait pour ce soir ! se dit-il. Avec une salade et quelques champignons… Manfred n'aura peut-être pas faim, mais tout de même ! »

— Cyrus ! s'exclame Prosper Branchu. Vous êtes allé à la pêche sans me le dire !

— Vous êtes en congé ? Avoir su ! Eh bien, viendriez-vous avec moi à la recherche de quelques champignons ?

— Vous savez les reconnaître ? demande le facteur.

— Sans être un expert, je m'y connais un peu.

— Et vous ne vous êtes jamais empoisonné ?

— Non, car je ne cueille que ceux que je connais très bien.

— Il n'y a vraiment aucun danger?

— Si, il y en a. C'est pour cela que je ramasse uniquement les champignons impossibles à confondre avec une espèce vénéneuse. Certains champignons toxiques ressemblent à des espèces comestibles, comme une goutte d'eau à une autre. Ceux-là, je n'y touche pas.

— Existe-t-il une façon absolument sûre de distinguer les champignons?

— Pas vraiment. Il faut douter, c'est l'essentiel. Regardez, là, cette chanterelle... Pas un champignon vénéneux ne lui ressemble. Donc, je la cueille. Attention, Prosper! Vous en écrasez une!

Le pauvre facteur ne sait plus où placer les pieds.

— Là, Cyrus! Il y en a au moins trente!

— Vous avez l'œil, Branchu! Cueillez-les donc! Votre femme sera ravie. Je vous expliquerai comment les faire cuire.

— Pas une trace de poison dans vos chanterelles, c'est sûr?

— Sûr! Vous savez, Prosper, si vous voulez devenir mycologue, il y a des clubs pour cela. Et de plus en plus d'ouvrages spécialisés! Mais dites-vous une chose : même si la plupart des champignons de nos bois sont comestibles, ils ne sont pas tous délicieux !

— Certains champignons peuvent-ils carrément causer la mort?

— Malheureusement, oui. Mais ils ne sont pas légion!

— Lesquels ramassez-vous en général?

— Certains bolets, des chanterelles et des morilles et, à l'occasion, des vesses-de-loup géantes. Cela suffit amplement à ma consommation.

— Vous n'avez jamais été malade? demande Prosper Branchu, encore un peu craintif.

— Jamais. Mais, comme je vous l'ai dit, cela ne m'empêche pas d'être prudent. Je ne mangerai jamais un champignon qui pourrait ressembler, même de très loin, à un champignon vénéneux.

— Je mangerai donc vos chanterelles en toute confiance.

— Prenez aussi ces deux truites ! Nous aurons le même menu. Vous savez que je vais, cet après-midi, chercher mon ami Manfred von Klingenhorf à l'aéroport ?

— Je ne le savais pas.

— Passez un soir à la maison, dit Cyrus. Manfred est un homme charmant. Un peu lunatique, mais charmant.

— Dites-moi maintenant comment faire cuire les chanterelles…

L'étude scientifique des champignons s'appelle la *mycologie*. Les mycologues sont ceux qui étudient les champignons.

Est-ce vrai que les autruches se cachent la tête dans le sable lorsqu'elles ont peur?

Installé au grenier avec Tibérius, le savant Cyrus fouille dans une immense malle en dos d'âne, cloutée et poussiéreuse. Il en extirpe une boîte à chapeau ayant appartenu à sa grand-mère. Il l'ouvre et découvre un vieux chapeau orné de plumes d'autruche.

— Curieuse coïncidence, dit Cyrus. Ce matin j'ai reçu une lettre d'un certain Onésiphore me demandant s'il est vrai que les autruches se cachent la tête dans le sable lorsqu'elles ont peur.

— Est-ce vrai? interroge Tibérius.

— Non, répond le savant en admirant le chapeau de velours noir. Si les autruches se mettaient la tête dans le sable, elles étoufferaient!

— D'où vient cette croyance, alors?

— La tête et la majeure partie du cou de l'autruche sont de la couleur du sable. Tu sais que
l'autruche, le plus grand des oiseaux, ne peut pas
voler. Elle court très vite, pouvant atteindre une
vitesse de pointe de 70 kilomètres à l'heure. C'est
un animal qui a besoin de grands espaces. C'est
pourquoi elle vit surtout dans des régions plutôt
désertiques.

      — Et alors?

      — Lorsqu'elle a peur, l'autruche si-
mule la mort. Elle se couche alors
par terre et ne bouge plus. Sa tête et
son cou allongés sur le sol se confon-
dent avec le sable, donnant l'illusion

que sa tête y disparaît. L'autruche dort de la même manière : la tête et le cou étendu posés par terre.

— J'ai lu quelque part, dit Tibérius, que l'autruche, en fuyant, se volatilise parfois brusquement.

— Si on suit sa trace, on la découvrira couchée à plat sur le sol, le cou allongé, comme je viens de te l'expliquer. C'est de là que vient cette légende selon laquelle l'autruche se cache la tête dans le sable. Ce sont de vieux auteurs arabes qui ont décrit cette soi-disant particularité de l'autruche de se cacher la tête dans le sable. Depuis des siècles, les auteurs des autres cultures ont répété cette erreur.

— Personne n'a eu l'idée d'aller vérifier !

— Les autruches vivent surtout en groupe, poursuit Cyrus, mais certains individus choisissent de vivre en solitaires. Les groupes sont formés d'un mâle et de plusieurs femelles, car les autruches sont généralement polygames, ainsi que des autruchons. Ces familles d'autruches comptent généralement une quinzaine d'individus. Mais on a vu des groupes impressionnants comptant une cinquantaine d'individus.

— Ces oiseaux sont vraiment gigantesques, remarque Tibérius.

— En effet. Un mâle peut atteindre 3 mètres de hauteur et peser jusqu'à 150 kilos !

— Dites, tonton, si les autruches sont des oiseaux, elles doivent construire des nids ?

— Le nid des autruches est assez rudimentaire, répond Cyrus. Les mâles creusent un trou dans le sol, et les femelles du groupe y déposent, en commun, leurs œufs, qu'elles couvent à tour de rôle. Dans cette tâche, elles sont souvent secondées par le mâle.

— Combien d'œufs une femelle pond-elle ?

— De 6 à 8 œufs. Un œuf d'autruche moyen pèse environ 1,5 kilo, l'équivalent du poids de 25 à 30 œufs de poule.

Le duvet de l'autruche a une particularité étonnante : il retient les poussières. C'est pourquoi on s'en sert pour faire les meilleurs plumeaux.

Quelle est la planète
la plus âgée de l'espace ?

— Attendez-vous, mon cher Manfred, à une grande manifestation d'affection de la part de Gratton ! précise Cyrus en ramenant chez lui son ami allemand, à peine fatigué par le vol.

— Toujours aussi gentil, ce gros animal ?

Au moment où Cyrus s'apprête à répondre, une petite voix s'écrie :

— Enfin !

— Vous m'aviez caché que vous aviez une fille ! s'exclame Manfred.

— Mais non ! Qu'est-ce que tu fais là, Maude ? demande Cyrus à l'enfant.

— Je vous attendais parce que je voudrais savoir quelle est la planète la plus âgée de l'Univers, dit-elle sans broncher.

— Maude, mon ami Manfred descend à peine de l'avion ! Il arrive d'Allemagne. Ta question ne pourrait-elle pas attendre ?

— Je suis curieux de connaître la réponse ! dit Manfred en riant. Entrons tous les trois ! Nous allons être plus savants dans quelques minutes, ma petite ! ajoute-t-il en direction de Maude.

Gratte-Bedaine bondit littéralement sur Manfred, lui lèche les mains et gémit de bonheur.

— Installons-nous au salon, suggère Cyrus en déposant les bagages de Manfred. Il est très difficile de dire si une planète est plus vieille qu'une autre. Les 8 planètes que nous connaissons seraient toutes nées en même temps.

— Vaste famille ! lance Manfred.

— En effet, poursuit Cyrus, les planètes se sont formées il y a environ 4,5 milliards d'années, un peu après leur étoile, notre Soleil, qui lui est âgé de 5 milliards d'années.

— Moi, dit Maude, je croyais que tout s'était mis en place avec le big bang !

— Non. Le big bang date, semble-t-il, de 15 milliards d'années. Les planètes se sont formées beaucoup plus tard.

— Donc, conclut Maude, les planètes ont toutes le même âge.

— Grosso modo, oui, dit le savant. Il faut toutefois savoir que Pluton a été considérée comme la neuvième et la plus jeune planète du système solaire jusqu'à la fin du XXe siècle. Le 24 août 2006, la découverte d'objets semblables, de même taille ou un peu plus petits que Pluton, a poussé l'Union astronomique internationale à redéfinir la notion de planète et de rétrograder Pluton, comme Éris et Cérès, dans une nouvelle catégorie de planète, les planètes naines.

— Pauvre Pluton! s'exclame Maude.

— Et quand donc avait-elle été découverte? demande Manfred, tout aussi déçu que Maude.

— En 1930, par un astronome américain du nom de Clyde William Tombaugh.

— Et les autres? demande Maude.

— La découverte de la plupart des planètes date d'av. J.-C., mais Neptune n'a été observée qu'en 1846, Uranus a été identifiée en 1781, et, au XVIe siècle, Copernic déclarait déjà que les planètes tournent autour du Soleil.

— Avant, précise Manfred, les savants croyaient que les planètes tournaient autour de la Terre.

— L'Univers est trop grand! soupire Maude. Et bien difficile à comprendre…

— Ma pauvre petite! Ne te décourage pas. Tu sais qu'il existe des millions de galaxies qui ressemblent à la nôtre?

— Avec un Soleil et tout un système de planètes? demande Maude.

— Absolument. Notre propre galaxie fait partie d'un groupe d'une trentaine d'autres, qu'on appelle l'*Amas local* ou *Groupe local*.

— Ce sont des noms un peu bêtes, dit Maude en riant. On dirait un petit tas de poussière...

— C'est un peu ce que nous sommes, soupire Manfred en réprimant un bâillement.

— Je vais vous laisser vous reposer, dit aimablement la petite. Merci, Cyrus, vous êtes vraiment gentil.

Une planète est un astre qui ne génère pas sa propre lumière et qui gravite autour d'une étoile. Dans notre système, cette étoile est le Soleil.

Qu'est-ce qu'un glaucome ?

Le téléphone sonne et Cyrus doit interrompre sa lecture. Le savant se lève et décroche le combiné. La voix haut perchée de mère Marie-Madeleine se fait entendre. Elle semble très troublée.

— Bonjour, ma mère, répond le savant. Que vous arrive-t-il ?

— Sœur Blanche-de-Castille, une de nos plus vieilles moniales, revient de chez l'ophtalmologiste.

— Et alors ?

— On lui a diagnostiqué un glaucome. Et personne au couvent ne sait véritablement de quoi il s'agit. Pourriez-vous, mon cher ami, m'expliquer ce que c'est ?

Cyrus se racle la gorge. Il hésite à répondre froidement que le glaucome est une affection extrêmement grave de l'œil.

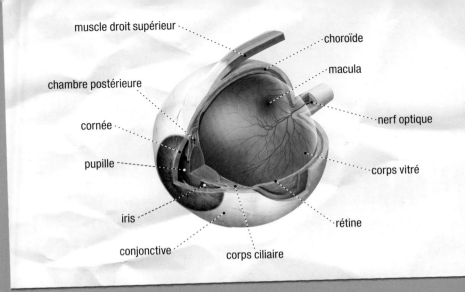

muscle droit supérieur

choroïde

macula

chambre postérieure

cornée

nerf optique

pupille

corps vitré

iris

rétine

conjonctive

corps ciliaire

— Comme vous le savez, le glaucome est une maladie de l'œil. Une augmentation de la pression à l'intérieur du globe oculaire entraîne une compression du nerf optique, et la vision s'en trouve diminuée.

— C'est terrible !

— L'œil contient des liquides qui exercent une pression. Quand la pression est bonne, l'œil fonctionne parfaitement.

— Je comprends.

— Le nerf et les fibres optiques, poursuit le savant, ont des besoins précis en oxygène. Celui-ci leur parvient par les vaisseaux sanguins. Vous me suivez?

— Quand la pression compresse les petits vaisseaux, risque mère Marie-Madeleine, l'apport d'oxygène diminue?

— Vous êtes une élève douée. Ce phénomène affecte également l'apport en glucose.

— Moins d'oxygène et moins de glucose…, résume mère Marie-Madeleine.

— Pis encore, le nerf optique peut lui aussi être atteint, ce qui est très grave.

— Seigneur! Grave, mais à quel point?

— Quand le nerf optique est atteint, il peut s'ensuivre une cécité partielle ou totale.

— Que peut-on faire?

— Ce que vous avez fait: il est très important de signaler les déformations de la vision, les malaises ou le moindre signe de diminution de la vision.

— Oui, c'est pourquoi nous avons conduit notre sœur chez un ophtalmologiste.

— Le glaucome est une maladie très grave, dit doucement Cyrus. La plus grave qui puisse affecter l'œil. Mais, heureusement, cette maladie n'apparaît pas du jour au lendemain. Elle progresse lentement. Si elle est soignée à temps…

— Si…, coupe mère Marie-Madeleine. Mais souvent on ne s'en rend compte que très tard.

— Ce n'est pas le cas de votre sœur, je crois. Il reste donc de l'espoir. Dans le cas qui nous occupe, chère amie, nous parlons de *glaucome chronique*.

— Ah bon ! Parce qu'il y en a d'autres ?

— Le glaucome chronique est différent du glaucome aigu, plus facile à diagnostiquer parce que le malade éprouve alors des douleurs à l'œil.

— Mais peut-on traiter cette terrible maladie ? s'inquiète la moniale. Le médecin a prescrit un collyre à notre sœur.

— Les traitements varient, bien sûr, en fonction du type de glaucome, mais ils ont tous le même but : rétablir une pression normale dans le globe oculaire. L'intervention chirurgicale peut s'avérer nécessaire dans certains cas, mais l'administration de gouttes dans l'œil, comme celles qui ont été prescrites à votre sœur, peut être suffisante. Ce traitement devra être poursuivi toute sa vie.

— Heureusement que vous êtes là, mon bon Cyrus, soupire mère Marie-Madeleine.

Le mot *glaucome* vient du grec « *glaukôma* » : « affection de l'œil dont le cristallin devient d'un bleu terne ». Le mot *glauque*, qui veut dire *verdâtre*, est un cousin étymologique du mot *glaucome*.

Pourquoi les rayons X s'appellent-ils des *rayons X* ?

— Vous avez toujours la réponse juste ! s'exclame Manfred von Klingenhorf. Sachant que je venais chez vous, j'ai préparé mes questions, comme la petite Maude.

— Qu'allez-vous diable me demander ? soupire Cyrus.

— Oh ! une petite question de rien du tout ! Pourquoi, en français, les rayons X portent-ils un tel nom ? Nous, en allemand, nous les appelons du nom de leur inventeur.

— C'est une drôle d'histoire. Quand Röntgen, physicien tout aussi allemand que vous, découvrit les rayons X en 1895, il ne les cherchait pas vraiment. Mais il apprit quelque chose de tout à fait fabuleux : grâce à ces rayons, on pouvait percer les mystères du corps humain.

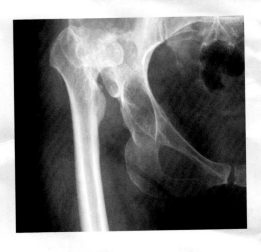

Rayon X représentant une luxation de la hanche

— Comment cela se passe-t-il exactement ? demande Manfred.

— Lorsqu'on projette des rayons X à travers le corps humain, on voit apparaître les os, car les os absorbent les rayons X, contrairement aux matières molles comme les muscles et la graisse, qui se laissent traverser par eux.

— Donc, nous voyons les os très précisément.

— C'est ça. Mais on peut également s'en servir pour étudier le système digestif. Si on donne à un malade un produit qui absorbe aussi les rayons X…

— Par exemple ?

— Le sulfate de baryum. Si, donc, on donne à un malade du sulfate de baryum, on pourra observer aux rayons X l'état de son système digestif.

— C'est merveilleux. Mais cela ne m'explique pas pourquoi ils portent un tel nom, dit Manfred en allumant un cigare.

— Vous savez comment l'on nomme une inconnue en mathématiques ?

— Euh… il y a des x, des y et des z ?

— Juste ! Et comme Röntgen ne savait absolument pas ce qu'étaient ces rayons, il les a appelés X, une manière de qualifier les rayons inconnus.

— Il avait un certain sens de l'humour ! dit Manfred.

— Je ne sais trop. Ce que je sais, cependant, c'est que très rapidement, en quelques mois, on commença à utiliser les rayons X pour observer les fractures. Ce fut une grande découverte, qui permit enfin à la médecine d'aller voir ce qui se passait dans le corps humain sans avoir toujours besoin de l'ouvrir.

— Un grand pas pour la science… et pour les gens qui, comme moi, ne supportent pas la vue d'un bistouri.

— Les rayons X ne règlent tout de même pas les problèmes, Manfred. Ils les montrent.

— Donc, X pour *inconnu* ! C'est bien trouvé, dit Manfred.

— On utilise les rayons X en radiothérapie pour éliminer les jeunes cellules en voie de multiplication, comme les cellules cancéreuses. Il ne faut donc pas s'exposer longtemps ni trop souvent aux rayons X si ce n'est pas nécessaire.

— Et les rayons qui transpercent nos bagages dans les aéroports ? Ce sont également des rayons X ?

— Mais oui, répond Cyrus. Les rayons X sont utilisés pour détecter les objets métalliques présents dans les bagages.

— Ainsi, l'arme cachée apparaît sur un écran, et on met la main au collet de son propriétaire!

— Voilà! On utilise aussi les rayons X pour découvrir des défauts dans la fabrication de produits industriels.

— Quelle science, cher ami! dit Manfred en étirant ses jambes. Les seuls rayons que je connaisse bien sont les rayons bêta, qui servent à vérifier l'authenticité des documents historiques.

— À propos de documents, que diriez-vous de jeter un coup d'œil sur le manuscrit mystérieux avant que nous allions nous coucher?

Le 1er septembre 2017, on a inauguré en Allemagne l'European XFEL, la plus brillante source de rayons X au monde. Cela permet de faire des clichés de virus à l'échelle atomique à raison de 1000 milliards de photos par flash.

Comment sait-on que les dinosaures ont existé ?

Cyrus retourne un coin de terre et découvre les ossements d'une souris. Il s'accroupit et balaie la terre de la main. Le squelette est parfaitement conservé.

— Que faites-vous, monsieur Cyrus ? demande Ascanio en surgissant derrière lui.

L'enfant s'approche et se penche au-dessus du trou où se trouve le squelette de la défunte souris.

— Regarde, Ascanio. L'autre jour, tu me demandais comment on savait que les dinosaures avaient disparu.

— Je ne vois pas le rapport.

— Mais tu vois ce squelette de souris parfaitement conservé ? Eh bien, dans certaines régions du globe, on a mis au jour des squelettes, non pas de souris, mais de dinosaures. On sait que les

dinosaures ont existé parce qu'on en a retrouvé des traces. Les premières ont été découvertes en Hollande, près de la ville de Maëstricht.

— Quel genre de traces ?

— Il s'agissait d'un crâne. Mais on l'a d'abord pris pour un crâne de crocodile. C'est plus tard que le Français Georges Cuvier suggéra qu'il s'agissait plutôt du crâne d'un gigantesque lézard marin.

— Mais pourquoi a-t-on cru que c'était un crocodile ?

— Tu sais, Ascanio, quand on ne connaît pas quelque chose, c'est difficile de l'identifier. Avant d'en découvrir les immenses squelettes, personne n'avait idée de ce qu'étaient les dinosaures. On attribuait donc ces ossements à toutes sortes d'espèces géantes d'animaux connus. Il a fallu beaucoup de temps aux savants pour concevoir des animaux dont on ne soupçonnait pas l'existence.

— C'est vrai que c'est difficile à imaginer.

— Certaines espèces de dinosaures, tels les brontosaures et les diplodocus, atteignaient près de 30 mètres de longueur et pesaient autant que

6 éléphants. Cependant, tous les dinosaures n'étaient pas gigantesques : certaines espèces n'étaient pas plus grosses que des poussins. Il reste que le terme *dinosaure*, forgé à partir de racines grecques, signifie littéralement *terrible lézard*.

— Ah, quand même !

— Les premiers dinosaures sont apparus sur la Terre il y a 230 millions d'années. Les dinosaures ont habité plusieurs régions du globe. Au cours de fouilles effectuées aux États-Unis, au Canada, en Europe et en Asie, on a récemment mis au jour des fossiles d'œufs, de nids et même d'embryons de dinosaures.

— Pourquoi ont-ils disparu ? demande Ascanio.

— Ces espèces ont soudainement disparu il y a 65 millions d'années. Le processus d'extinction fut très rapide. Plusieurs hypothèses ont été émises : une énorme météorite a pu entrer en collision avec la Terre, libérant une énergie supérieure à plusieurs dizaines de bombes atomiques ; on parle aussi d'éruptions volcaniques qui auraient entraîné des bouleversements majeurs ; ou encore de refroidissement du climat qui aurait détruit toutes les ressources alimentaires des dinosaures.

— Cyrus, ce que vous venez de trouver, est-ce que ce sont les restes d'une souris préhistorique ?

En mars 2011, on a retrouvé dans une mine de l'Alberta un nodosaure presque intact ! On l'aurait cru mort depuis à peine une semaine. Il semblerait que ce dinosaure soit mort noyé il y a 110 millions d'années. Depuis tout ce temps, son corps s'est si bien conservé qu'il n'a subi que de légères transformations et on a même trouvé les restes de son dernier repas dans son intestin.

Pourquoi rit-on ?

— Vous verrez, le manoir de Broglie est une pure merveille, dit Cyrus à Manfred. Mère Marie-Madeleine a tout préparé pour votre venue. C'est d'un confort !

— Vous savez, je suis très heureux de profiter de son hospitalité. Le travail que vous me demandez exige le plus grand silence. Ce manuscrit m'apparaît à première vue extrêmement difficile à décoder.

— Mais ce sont bel et bien des caractères runiques ! dit Cyrus.

— Bien sûr, confirme Manfred. Mais ce n'est pas une écriture limpide !

— Nous prendrons le temps qu'il faudra ! En attendant la voiture de l'abbaye, que diriez-vous d'une partie d'échecs ?

Au moment où Manfred ouvre la bouche pour répondre, il est pris d'un fou rire.

— Qu'est-ce qui vous prend ? demande Cyrus.

— Votre… votre pantalon…, hoquette Manfred.

— Quoi, mon pantalon ?

Mort de rire, Manfred déclare :

— Vous avez un trou grand comme une assiette…

— Comment ai-je bien pu faire un accroc pareil ?

Plutôt que de se fâcher, Cyrus éclate de rire, comme son ami. Gratte-Bedaine et Alice les regardent tous les deux sans comprendre.

— Voulez-vous bien me dire, cher Cyrus, pourquoi nous rions ainsi ?

— Parce que nous avons le cœur jeune !

— Mais pourquoi rit-on, tout simplement ? insiste Manfred.

— C'est un réflexe, une réaction involontaire. Même les bébés rient !

— Deux grands bébés ! Voilà de quoi nous avons l'air ! dit Manfred en riant toujours.

— Mais tout le monde ne rit pas des mêmes choses. J'aurais pu ne pas trouver ça drôle.

— Ah bon ? fait Manfred, en riant de plus belle.

— Le rire est provoqué par une situation comique. Mais ce que vous trouvez comique peut me sembler à moi dramatique. Si c'était un pantalon neuf et qu'il m'avait coûté très cher, je rirais moins. Et que vous voyiez mon caleçon aurait pu me vexer.

— Vous voulez me dire que ce qui provoque le rire n'est pas la même chose pour tout le monde ?

— Exactement. L'excitant qui fait rire est très complexe à définir. Et n'oubliez pas que le rire est directement en rapport avec le plaisir. Si vous étiez un inconnu insolent et que vous aviez réagi ainsi, j'aurais pu, moi, vous envoyer paître.

— Mais comme vous avez une bonne nature, vous avez ri ! remarque Manfred.

— Le rire est un besoin, et il est de toute première importance dans les relations humaines.

— Imaginez une civilisation où personne ne rirait ! lance Manfred.

— Quelle horreur ! s'écrie Cyrus. Le rire, Manfred, nous maintient en santé. Il fait travailler la plupart de nos muscles, pas seulement ceux du visage, mais aussi les muscles abdominaux et le dia-phragme ! Il semble même que certaines sécrétions provoquées par le rire facilitent la digestion et la circulation sanguine, car le rire détend les artères !

— Il nettoie le moral, en tout cas ! Pour moi, c'est comme une vitamine !

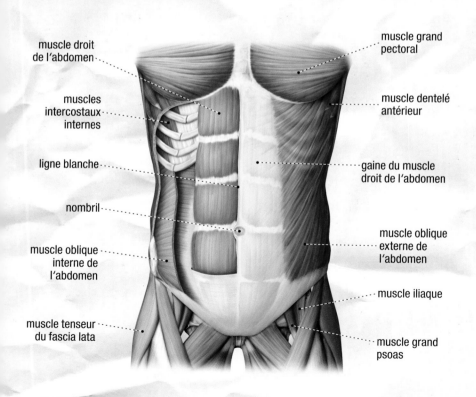

muscle droit de l'abdomen

muscle grand pectoral

muscles intercostaux internes

muscle dentelé antérieur

ligne blanche

gaine du muscle droit de l'abdomen

nombril

muscle oblique externe de l'abdomen

muscle oblique interne de l'abdomen

muscle iliaque

muscle tenseur du fascia lata

muscle grand psoas

— Saviez-vous que le fait de rire libère des hormones antidouleur, les endorphines cérébrales?

— C'est simplement merveilleux! dit Manfred. Ne pensez-vous pas qu'il serait bien de changer de pantalon avant l'arrivée de mère Marie-Madeleine?

Les deux savants s'esclaffent encore lorsque la moniale entre en faisant tinter les clés de sa voiture.

Angelo Fortunato Formiggini défend, en 1907, à l'Université de Bologne en Italie, sa thèse qui vise à démontrer que « le rire est la plus haute manifestation de la pensée philosophique ». Il crée par la suite la *Casa del Ridere*, la Maison du rire, bibliothèque et musée qui comprend plus de 4500 ouvrages sur le rire.

Pourquoi les ratons laveurs lavent-ils leur nourriture avant de la manger ?

— Mon pauvre Ascanio ! s'exclame Cyrus en voyant apparaître le fils de son nouveau voisin. Avec deux yeux au beurre noir, tu ressembles à un raton laveur. Que t'est-il arrivé ?

— Ne riez pas, monsieur Cyrus. Hier, j'ai reçu un coup de batte de baseball, juste ici, où le nez commence…

— Viens t'asseoir. J'allais justement faire une pause. J'ai ici un merveilleux jus de framboise, fort désaltérant.

— Pourquoi les ratons laveurs lavent-ils leur nourriture avant de la manger ? demande Ascanio, qui tient à deux mains son verre givré.

— En réalité, répond Cyrus, ce comportement n'a été observé que chez les animaux en captivité. On a en effet remarqué que ceux-ci trempaient toujours leur nourriture dans l'eau avant de la manger. Peut-être pour simuler la pêche.

— Ils trempent leur nourriture dans l'eau pour faire comme s'ils la pêchaient eux-mêmes? s'étonne Ascanio.

— Probablement. Dans la nature, ils se nourrissent surtout d'animaux aquatiques. Au printemps, ils se régalent de grenouilles, d'écrevisses et d'œufs de tortue, mais aussi d'insectes, de petits oiseaux et de lapins. À l'automne, cependant, leur nourriture se compose à 80 % de fruits. En hiver, ils mangent surtout des glands et du maïs.

— Quand ils pêchent, ils trempent leurs pattes dans l'eau et on dirait qu'ils lavent leur nourriture. C'est donc pour cela qu'on leur a donné le nom de *laveur*, dit le petit garçon.

— Leurs pattes, pourvues de 5 doigts longs et effilés, très mobiles, sont extrêmement sensibles. Ces pattes les rendent aussi habiles que les singes. Dans la nature, ce sont des outils précieux, qui

permettent à l'animal de trouver sa nourriture dans des mares peu profondes.

— J'aime les ratons laveurs, déclare Ascanio.

— Il en existe 7 espèces. Les plus connues sont le raton laveur nord-américain et le raton crabier sud-américain. Leur taille varie entre 60 et 100 centimètres ; et leur poids, entre 2 et 20 kilogrammes.

— Sont-ils intelligents ? demande Ascanio en reposant son verre vide.

— Disons qu'ils sont ingénieux et tenaces et que leur habileté manuelle est simplement un atout de plus. C'est sans doute pour ces raisons que ce mammifère, contrairement à beaucoup d'autres, n'est pas en voie d'extinction. On le retrouve du sud du Canada jusqu'en Amérique centrale.

— Les ratons laveurs grimpent aux arbres, n'est-ce pas ?

— Ils habitent généralement dans les arbres, de préférence les arbres creux, qu'ils utilisent comme gîte et dans lesquels ils élèvent leurs petits, au nombre de 1 à 7. Plus rarement, ils vont vivre dans une caverne ou à l'intérieur d'un trou creusé dans le sol.

— Je dois rentrer maintenant, annonce Ascanio. Merci, monsieur Cyrus. À bientôt…

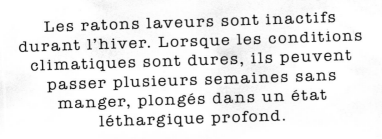

Les ratons laveurs sont inactifs durant l'hiver. Lorsque les conditions climatiques sont dures, ils peuvent passer plusieurs semaines sans manger, plongés dans un état léthargique profond.

Imaginez la vie avec Cyrus !

C'était un bonheur de te retrouver ! Rendez-vous au prochain tome, nous y serons tous les deux, Alice et moi. Elle est ravie, mon amie chatte, car on y parlera de chats…

En attendant, nous as-tu vus dans le livre ?

Remerciements

Remerciements à M. Louis Marchildon, professeur émérite au département de chimie, biochimie et physique à l'Université du Québec à Trois-Rivières, qui a revu les textes concernant l'astronomie.

Merci à Ève Christian, physicienne, météorologue et chroniqueuse scientifique.

Index